La disciplina
hasta los tres años

Otros libros por Jeanne Warren Lindsay
(Lista parcial)

Your Baby's First Year
El primer año del bebé
The Challenge of Toddlers
El reto de los párvulos
Teen Dads: Rights, Responsibilities and Joys
School-Age Parents: Challenge of Three-Generation Living
Teenage Couples – Expectations and Reality
Teenage Couples – Caring, Commitment and Change
Teenage Couples – Coping with Reality
Pregnant? Adoption Is an Option
Parents, Pregnant Teens and the Adoption Option
Do I Have a Daddy? A Story for a Single-Parent Child

Por Jeanne Lindsay y Jean Brunellli
Your Pregnancy and Newborn Journey
Tu embarazo y el nacimiento de tu bebé
*Nurturing Your Newborn: Young Parent's Guide to Baby's
First Month*
La crianza del recién nacido: Guía para el primer mes

Por Jeanne Lindsay y Sharon Enright
*Books, Babies and School-Age Parents:
How to Teach Pregnant and Parenting Teens to Succeed*

La disciplina hasta los tres años

Cómo pueden los padres adolescentes prevenir y enfrentar problemas disciplinarios

Jeanne Warren Lindsay, MA
y Sally McCullough

Versión en español
de Argentina Palacios

Morning Glory Press

4

La disciplina hasta los tres años
(En inglés: *Discipline from Birth to Three*)
es parte de una serie de seis libros de **Teens Parenting**.
Otros títulos:
Tu embarazo y el nacimiento de tu bebé
(En inglés: *Your Pregnancy and Newborn Journey*)
Crianza del recién nacido (En inglés: *Nurturing Your Newborn*)
El primer año del bebé
(En inglés: *Your Baby's First Year*)
El reto de los párvulos
(En inglés: *The Challenge of Toddlers*)
La disciplina hasta los tres años
(En inglés: *Discipline from Birth to Three*)
Teen Dads: Rights, Responsibilities and Joys
Mommy, I'm Hungry! Good Eating for Little Ones

*Información sobre la catalogación de esta publicación
en la Biblioteca del Congreso disponible si se solicita.*

ISBN 978-1-932538-67-0

MORNING GLORY PRESS, INC.
6595 San Haroldo Way   Buena Park, CA 90620-3748
714/828-1998   1/888-612-8254
e-mail info@morningglorypress.com
www.morningglorypress.com
Impreso y encuadernado en Estados Unidos de América

Índice de materias

Prefacio

La mayoría de los libros sobre disciplina están escritos para padres de preescolares o niños de más edad e ignoran a los bebés y a los párvulos. Si tu bebé tiene menos de tres años, los métodos para disciplinar a los mayorcitos no son todavía muy importantes. Lo que puedes necesitar ahora es guía para el comportamiento de tu bebé.

Los métodos disciplinarios que uses durante los primeros tres años ejercerán una gran influencia en el comportamiento futuro del niño o de la niña. Éste es un período de cambio y aprendizaje rápidos. Al guiar ese aprendizaje de manera positiva, realmente le están disciplinando. De eso es que trata este libro.

Hemos laborado con cientos de padres adolescentes que sólo querían lo mejor para sus hijos. En conversaciones durante las clases de crianza y en el centro de la infancia, el asunto de la disciplina salió a relucir muchas veces. A menudo, "disciplina" parecía referirse a castigo. A los jóvenes padres se les había castigado por sus travesuras desde siempre. No tenían idea de cómo entenderse con su criatura. La mayoría nunca había tenido la oportunidad de aprender a controlarse. Sus padres habían intentado controlarles la vida por medio del castigo.

Disciplina significa educar. Tienes una magnífica oportunidad de educar a tu niña, a ayudarle a comportarse, sin castigo. Todo empieza con la confianza. Al enfrentar las necesidades de tu criatura de manera amorosa y cariñosa, le enseñas que confías en ella y en su entorno.

Si le ayudas a tu pequeña a satisfacer su curiosidad y la confortas cuando se siente frustrada, va a aprender que la quieren y la respetan. No tiene que ser traviesa para llamar la atención. Esta clase de educación es la fundación para la audisciplina que tu niña va a necesitar durante toda su vida.

Para este libro entrevistamos a muchas madres y muchos padres adolescentes (y otros que una vez lo fueron), quienes nos expresaron su manera de ver la disciplina. Los padres de párvulos describieron sus frustraciones porque la criatura "se metía en todo". También entrevistamos a padres de más edad que habían enfrentado el estrés de ser adolescentes y padres al mismo tiempo. Muchos habían residido con familias extensas. Habían aprendido a lidiar con la participación de otros miembros de la familia en la disciplina de sus hijos. Los mismos proporcionaron una vista valiosa de lo que es empezar la jornada de la crianza siendo adolescentes, la jornada que tú acabas de iniciar.

Cada vez que se cita a un padre o una madre, se le idenfica por la edad, los niños y la edad de éstos. Los nombres se han cambiado, pero las citas y las edades son siempre verdaderas.

Vas a aprender tanto de los comentarios de estos padres adolescentes como de nosotras. Así era en nuestras clases de crianza e imaginamos que estarás de acuerdo.

Buena suerte y los mejores deseos al continuar tu jornada de crianza.

Jeanne Lindsay
Sally McCullough   junio, 2007

Prólogo

Como educadora de primera infancia, llegué a apreciar el desarrollo del niño y a fascinarme con el mismo—la progresión, la predicción y la fiabilidad de saber cómo suceden las etapas y observar lo que sucede con muchísimos niños en el transcurso de los años.

Me cambié a programa activo de desarrollo del niño en que participaban estudiantes de secundaria y niños de cuatro años. Supuse que estos estudiantes iban a maravillarse como yo con el fenómeno conocido como crecimiento y desarrollo del niño. Sin embargo, pronto me di cuenta de que estos asuntos no eran una las principales prioridades de mis estudiantes.

Luego me llegó la gloriosa oportunidad de laborar con padres adolescentes. Cosa maravillosa – aquí estaban esos anhelantes padres jóvenes con sus propios hijos. Por seguro que una de las primeras cosas que iban a querer saber es "¿Cómo crece mi bebé?" Ése es sin duda uno de los asuntos. Tienen que entendérselas, además, con muchos otros aspectos de la supervivencia diaria.

Las relaciones de todo tipo parecen ser la clave cuando

uno trata con lo que es importante y relevante para los padres
jóvenes. Una de las relaciones es "¿Cómo trato a mi bebé?
¿Cómo disciplino a mi hijo?"

Cuando uno tiene los instrumentos y materiales apropiados,
tales como el libro de Jeanne y Sally, sobre asuntos directos y
concretos de disciplina y desarrollo, uno puede usar el "momento enseñable". Ahora el crecimiento y desarrollo del niño
cobra vida . . . *ahora* tiene sentido porque lo necesita. ¡Ella
quiere saber! Podemos hacer honor a su crianza. Podemos ir
más allá del sustantivo crianza a un verbo activo: criar.

Dentro de la familiaridad, la lucha y el caos del asunto,
puede olvidarse que la crianza es una jornada sagrada. Es
una jornada que emprenden anualmente casi medio millón de
adolescentes en Estados Unidos. Para esas jornadas necesitan
indicadores.

La disciplina hasta los tres años hace honor a esa jornada
por ser de lectura fácil y amena, comprensible y realista. Los
padres jóvenes aprenden aquí que está bien ser humano; está
bien cometer errores y que ellos también pueden ser, con toda
certeza, "buenos" padres.

Este valioso recurso ha sido escrito especialmente para padres adolescentes. Proporciona la guía para hacer de la jornada
de la crianza una buena experiencia para sí mismos y para sus
niños. Lo recomiendo muy favorablemente.

Marge Eliason, Fundadora
Young Families Program
Billings, Montana

Reconocimientos

Agradecemos a Jean Brunelli, Pat Alviso, Pati Lindsay y todos los demás que hicieron el tiempo para leer y evaluar, parcialmente o en su totalidad, *La disciplina hasta los tres años*. Sus comentarios son inestimables. Asimismo, apreciamos las valiosas contribuciones de Richard Tefank, Jefe de la policía, Buena Park, California; Hna. Ines Tolles, Soledad Enrichment Action, Inc., Los Angeles; y Jim Mead, Director, For Kids Sake, Lake Elsinore, CA.

Tal vez más importante aún es la contribución de padres adolescentes y quienes fueron padres siendo adolescentes, los jóvenes entrevistados cuya sensatez se encuentra distribuida por todo el libro. Para la primera edición, fueron citados 67 jóvenes. Para la segunda, fueron entrevistados 54 más; a muchos de los de este último grupo se cita aquí. Los mismos incluyen a Alysson Hall, Amber Wolf, Carlos Smith, Brandi Hatch, Danielle Alston, Erika Madrid, Gabriel Garcia, Harmony Tortorice, Isabel Franco, Janelle Byers, Katrina Amaya, Melisa Romero, Monica Hernandez, Noemy Calderon, Racheal Malonay, Robin Gardner, Robin Stanley, Rosa Paez,

Stacy Maloney, Tiffani Torres, Carlos Garcia y Tina Mondragon.

Para esta tercera edición, entrevistamos a más padres adolescentes. Entre los que se citan están Elizabeth Jimenez, Yadira Hernandez, Alexis Hernandez, Genavieve Macias, Martha Cruz, Eliana Mendez, Maria Lozano, Jamyette Morales, Grace Kong y Sonia Leandro.

Hemos entrevistado a otros a quienes citamos y reconocemos en otros libros de la serie *Adolescentes como padres*. Igualmente, apreciamos a muchos otros padres adolescentes cuyas perspicaces citas se retienen de la primera edición.

El finado David Crawford, maestro del Teen Parent Program, William Daylor High School, Sacramento, proporcionó muchas de las fotos. Sus modelos fueron sus maravillosos estudiantes. Carole Blum fotografió a estudiantes en el Teen Parent Program, Tracy High School, Cerritos, CA, especialmente para esta edición. Cheryl Boeller y Bob Lindsay también contribuyeron con fotos.

Tom Rinker es el artista de la cubierta. Apreciamos las contribuciones de estas talentosas personas.

Eve Wright ayudó con la corrección de pruebas y mantuvo a Morning Glory Press sana y salva durante la producción de este libro.

Agradecemos muy especialmente a nuestros respectivos esposos que tanto nos apoyaron, Stuart McCullough y Bob Lindsay. Los queremos mucho.

Jeanne Lindsay
Sally McCullough

Ev, Cher y Tom,
Mike, Steve, Pati, Eric y Erin
quienes nos proporcionaron la práctica en disciplina
y quienes continúan dándonos su amor.

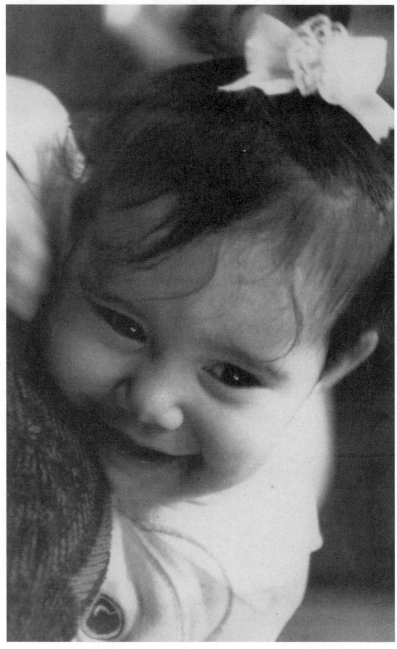

Con ayuda de sus padres, aprenderá autodisciplina.

1

¡La disciplina es importante!

Makalah es muy muy activa. Todo lo encuentra muy interesante. Cuando empezó a gatear, yo tuve que quitar todo del suelo. No podía dejar nada por ahí. Tenía que tenerle un ojo encima constantemente y estar segura de que las puertas estuvieran cerradas.

Se mete en todo. Trata de abrir las gavetas. Primero le digo "no". Y si trata de alcanzar el ventilador, la agarro rápidamente. Me parece que pegarle en la manito no sirve de nada.

Nykesha, 16 – Makalah, 9 meses

El otro día mi primo y yo tuvimos una discusión que viene de antes. Según él, a todos los niños

en un momento u otro hay que darles una zurra. Esto es
lo que dice: "¿Qué tal si trata de meter un dedo en el
tomacorrientes o se come una planta? ¿Sólo
decirle 'no'?"
    Bueno, a mí me parece que eso daría mejor resul-
tado. Lo primero que voy a probar es la comunicación.

Adriana, 16 – Danny, 3 meses

Un día, en la tienda, Donovan quería un caramelo y
yo le dije que no. Entonces cogió una rabieta.
    Yo me salí de la tienda. Lo tomé y salí, y todas mis
compras se quedaron en la canasta. Ni siquiera pude
comprar nada.
    Después de eso, cuando le digo que deje de gritar,
llora y grita un poquito pero después se calla.

Belia, 17 – Donovan, 2

Preguntas de los padres

"¿Cómo hago que mi hijo haga lo que yo quiero?"

"¿Por qué no me escucha y se comporta como debe ser?"

"¿Comprenderá algún día que cuando le digo 'no' lo digo
de veras?"

"¿Cómo le enseño a que haga lo que debe hacer?"

La respuesta es disciplina. Saber cómo ayudar a tu hijo/a,
de manera amorosa y con cariño, a hacer lo que realmente
tiene que hacer es uno de los mayores retos de la crianza.

La disciplina requiere cariño

¿En qué piensas cuando dices "disciplina"? ¿Piensas en el
castigo como parte necesaria de la disciplina?

Disciplina significa educar. La disciplina no significa
castigo. La palabra se deriva de la misma raíz que discípulo,
alguien a quien se enseña. En este sentido, tu criatura es tu
discípulo. Tu trabajo es enseñarle a comportarse de modo que
le sirva para bregar con el mundo en que vive.

La disciplina es una parte importantísima de tu tarea como
madre/padre. El sentar los límites necesarios implica que te

preocupas por ella. Te interesas en su comportamiento y su bienestar en el futuro. La disciplina es una expresión de amor.

Por medio de la disciplina le vas a enseñar a tu criatura a:

- vivir dentro de nuestros valores culturales.
- llevarse bien con otras personas y respetar sus derechos.
- aprender nuevas destrezas y ejecutar tareas esperadas.
- apreciarse y tener éxito al lograr un estilo de vida satisfactorio.
- aprender a autodisciplinarse.

Por medio de la disciplina le vas a enseñar a tu criatura a no:

- hacer daño a los demás ni hacérselo a sí misma.
- averiar o destruir las cosas que la rodean.

Empiezas a enseñarle esos valores a tu niño los tres primeros años. Con tu guía, aprenderá gradualmente a modificar su comportamiento para satisfacer tus expectativas. La manera en que lo guías para alcanzar esas metas no sólo afectará su comportamiento en el futuro sino también tu relación con él.

Si te tomas el tiempo y tienes la paciencia para disciplinar eficazmente ahora, se disminuye la posibilidad de problemas displinarios mayores a medida que crece. Si comprendes las etapas de desarrollo de tu hija, puedes trabajar con ella para lograr las metas anteriores. Entonces habrá más probabilidad de que tengas a la criatura bien portada y considerada que tú quieres.

Sentar metas imposibles para el comportamiento o tratar de atender a tu curioso párvulo en un ambiente que no esté a prueba de niños es difícil. Es pura frustración tanto para ti como para tu criatura. Si esto sucede, tu niña no puede explorar y aprender como debe ser. Hasta podría ser que no esté segura. Su entorno podría ser algo peligroso para ella.

Puedes disciplinar a tu hijo más eficazmente en un lugar seguro donde haya muchas cosas interesantes para que los niños exploren y jueguen. Es mejor cuando hay por ahí cerca un atento niño un poquito mayor o un adulto que le hable a tu hijo. Él necesita alguien que juegue con él de vez en cuando y le ayude cuando lo necesite.

Cuando se trata a una niña de esa manera, no necesita inquietarse para recibir atención o ayuda. Lo más importante de la disciplina es hacer que sea fácil comportarse correctamente.

Planear por adelantado sirve

Lo que de veras me molesta es la tienda. Todavía no he conquistado eso. Le digo a Shaun que si se porta bien le voy a comprar un juguete. Una vez simplemente me marché. Tuve que dejarlo todo y eso le incomodó. A mí también.

Angelica, 20 – Shaun, 3

Dejarlo todo y marcharse fue probablemente lo mejor que pudo hacer Angelica para enseñarle a Shaun a no portarse mal en la tienda.

No todos los entornos son ideales. A veces tú y tu niño tienen que esperar en la clínica médica o en largas colas en el supermercado. A lo mejor no puedes evitar una visita a una casa donde hay muchas menudencias frágiles. Para esos momentos, tienes que hacer planes extra para ayudarle a que se comporte bien.

Por ejemplo, ir de compras será más fácil si planeas visitar sólo una o dos tiendas y quedarte poco tiempo en cada una de ellas. También puede servir que involucres a tu bebé en lo que buscas y vas a comprar. Esto funciona mejor que si tratas de sobornarlo para que se porte bien.

Cuando tienes que salir con tu hijo, puedes llevarle un juguete favorito o tal vez una merienda favorita por si le da hambre. Pero aun esto puede dificultarse. No es de esperarse que el niño se siente tranquilamente o esté de pie con paciencia. Su lapso de interés es corto y su cuerpo necesita moverse.

Trata de limitar estas experiencias. Si ocurren, recuerda que él no tiene la intención de portarse mal—simplemente tiene que moverse.

*Últimamente, Antonio ha sido algo serio. Ayer en
la oficina de bienestar social había una fuentecita de
agua y él se la pasaba corriendo hacia allá. Lo traje de
allá por lo menos seis veces. Lo agarraba por el brazo
y le decía '¡No hagas eso!' Cinco minutos más tarde, lo
hacía otra vez.*

*Trato de no azotarlo. Tiene que ser algo realmente
malo para que yo le dé porque a mí me parece que los
azotes no son una buena manera de disciplinar. No es
más eficaz que decirle: "¡no, no hagas eso!"*

Becky, 18 – Antonio, 22 meses

La fuente de agua es un nuevo juguete para explorar. ¿Realmente tiene importancia que el niño haga salir el agua? ¿O es que Becky disciplina a Antonio por el qué dirán de los demás?

Si tienes más de un niño pequeño, una visita a la tienda o a la oficina de bienestar social puede ser un verdadero reto.

"Ya le gusta complacerte".

Aún no tiene los dos años y ya le gusta complacer-
nos. Cuando me pongo serio con ella, y yo soy bastante
grande, me escucha. Ya sea que haga o no haga lo que
le digo, sabe que algo anda mal.

Dos ideas al respecto – trata de no sobrepasarte
porque si no, pierde su efecto. La otra cosa es que la
mayoría de las veces somos muy buenos con ella y ella
se siente bien con nosotros y le gusta estar con nosotros.
Cuando yo digo algo de manera seria, ella pone aten-
ción.

John, 21 – Mandi, 22 meses

La mayoría de las veces, la disciplina no es tarea difícil. Tu
criatura por naturaleza te quiere complacer. Usualmente tratará
de comportarse de la manera en que ella cree que tú esperas
que se comporte.

Su curiosidad natural y su ardor por explorar a veces cau-
sarán problemas. Todos los niños necesitan algo de ayuda para
controlar o limitar el comportamiento indeseable. Valdría que
comprendieras que una relación de cuidado basada en el amor
y la confianza facilitan el que tu criatura acepte los límites de
comportamiento.

Sentar/Demarcar límites

Los límites proporcionan guías para el comportamiento. Ya
que los mismos restringen su libertad para explorar y aprender,
marca la menor cantidad posible.

Piensa en por qué marcas el límite.

- ¿Podrán sus acciones realmente causarle lesiones a ella
  misma o a otros?

- ¿Son los materiales realmente demasiado frágiles para
  manipularlos?

- Las cosas fuera de límites, ¿pertenecen a alguien que se
  podría incomodar si las toca la criatura?

A veces una madre marca un límite porque le parece que

Con la ayuda de papi, está examinándolo todo.

otra persona puede creer que debe hacerlo. Esa razón no convence. No marques un límite si realmente no lo necesitas.

Una vez que hayas sentado un límite, te has comprometido a mantenerlo. Debe ser como un muro. Puedes empujar un muro fuerte de hoy hasta el fin del mundo y no se moverá. La misma fuerza debe estar presente en los límites que marcas para tu hijo.

Annabel, quien tuvo el primero de sus cuatro hijos a los 17 años, explica:

Sencillamente, no escuchan. Te ponen a prueba constantemente. Lo hacen para ver dónde están sus límites. Una vez que aprenden cuáles son, parecen nivelarse y comportarse casi siempre.

Tienes que ser firme. Con mis hijos, yo establecí nuestras reglas. Cuando están chiquitos, tenemos sólo dos o tres reglas y unas cuantas más al crecer. Les explico que éstas son las más importantes y que realmente tienen que acatarse.

Ejemplos de nuestras reglas:

1. No puedes alejarte de nosotros. Es difícil decírselo, pero si les dices continuamente: "no, no puedes alejarte de nosotros", lo van a entender. Así, si no pueden alejarse de mami, nadie se va a tropezar con el tránsito vehicular o correr en el estacionamiento.

2. No se puede saltar en los muebles.

3. No se puede jugar en el cuarto de baño. Hay muchas cosas peligrosas en el baño.

4. Tampoco se puede gritar; y ésta es una regla para mami y papi también. No podemos gritar.

Esto funciona para nosotros.

Annabel, 27 – Andrew, 10; Anthony, 7; Bianca, 5; James, 2

Los límites firmes le ayudan al niño a entender cómo esperas que se comporte. Definen las áreas seguras de juego para explorar y los materiales que se pueden tocar, examinar, usar para jugar, o hasta para comer. Proporcionan una sensación de seguridad porque sabe lo que puede hacer. Sabe que alguien lo observa y se preocupa por él.

Un niño sin límites puede tener muchas experiencias desagradables y hasta lesiones. Puede hacerse miedoso y sentirse desprotegido del peligro, o si no, puede parecer incorregible o descontrolado.

Usualmente tengo que decirle las cosas a LaShan una o dos veces, pero las digo de manera que sepa que estoy hablando en serio. Trato de dar seguimiento a todo lo que le digo y sabe que cuando le digo algo me lo propongo.

Le digo que recoja sus juguetes y sale corriendo hacia afuera. La tomo de la mano y la llevo de regreso a su cuarto y le digo que recoja los juguetes.

LaToya, 20 – LaShan, 3

Probará los límites

Todo niño prueba sus límites. Gradualmente aprenderá a aceptar los límites si están en consonancia con su desarrolllo y temperamento y si se mantienen con calor y firmeza. Por supuesto que ciertos límites tienen que modificarse a medida que el niño crece y se desarrolla.

A veces una madre se sorprende de que su niño coopere en su guardería o parvulario mientras que en casa es realmente lo contrario:

> *El año pasado puse a Ricardo en un centro de guardería unas cuantas horas al día y cuando estaba allá todo andaba bien. Me decían: "Ah, es un niño tan bueno". Cuando fui a almorzar a la escuela, se portó terrible. La maestra me dijo que apenas me fui se volvió a portar bien.*
>
> *Probablemente es porque yo le digo que voy a hacer esto o aquello pero nunca lo hago. Tengo que ser más consistente. Con Raul soy más consistente y por eso tal vez es que él es más fácil [de lidiar].*
>
> Evangelina, 18 – Ricardo, 31/2; Raul, 27 meses

Cuando los límites cambian con frecuencia, eso anima al niño a probar para ver cuáles de los límites son realmente rígidos y cuáles son flexibles. Como le faltan experiencia y juicio, a lo mejor se siente realmente inseguro y dudoso acerca de lo que se le permite hacer. Su comportamiento puede hacerlo parecer desobediente e imprudente.

En toda sociedad la gente tiene que aceptar límites al comportamiento. Quienes no se conforman con esto hacen a un lado los límites que demarca la sociedad y a veces se ven en dificultades serias. Prueban los límites para descubrir cuáles son reales y cuáles se pueden evadir.

Éste es un gran problema de por vida para ciertas personas. Sin duda que tú no quieres que tu hijo lleve esa carga encima. Puede ser una desventaja tremenda y conducir a problemas serios.

Por medio de la disciplina va a aprender cuáles son los
límites. Hay que notar que la palabra es disciplina, no castigo.
El castigo no debe ser parte de la disciplina de bebés
y párvulos.

Todo niño es singular

*Nuestro problema era que tuvimos dos niños de
manejo fácil y dos difíciles. Teníamos que aprender que
todos los niños son diferentes y tienen sus propias cuali-
dades especiales.*

Annabel

Todo niño es singular y difiere de todos los otros niños. Por
eso la crianza es todo un reto. Nadie ha criado nunca a una
criatura exactamente como la tuya.

Si todos los niños fuesen iguales, o aun si gran parte de
ellos lo fueran, tal vez se podría escribir un brillante plan para
la disciplina. Pero como los niños no son iguales, tú tienes
que ser la experta en tu propio hijo. Nadie más puede ser tan
experto.

El respeto a tu niña y sus necesidades es el mejor punto de
partida para la disciplina. Tus experiencias tienen que estar
relacionadas con su nivel particular de desarrollo social, intelectual y físico así como su temperamento. Una expectativa
apropiada para una niña puede no serlo para su mejor amiga.

Los padres con más de un niño usualmente se dan cuenta
rápidamente de las diferencias entre uno y otro. El segundo
hijo de Cara era sumamente activo cuando era bebé y se hizo
cada vez más difícil en el transcurso de los meses. Ella descubrió una manera de ayudarlo:

*He tenido muchos problemas con mi hijo del medio.
Finalmente me di cuenta de que si le digo a Paul lo
mucho que lo quiero cuando se porta bien hace que él
quiera portarse bien.*

*Le dejo saber cuando estoy decepcionada, pero lo
acaricio y lo beso y hago cosas especiales para él*

cuando se porta bien. Ha cambiado 100 por ciento
desde que yo cambié.

Cara, 24 – Leroy, 8; Paul, 6; Nicole, 5

A niños distintos, métodos distintos

¿Es ella una niña tranquila que no se mete en muchas dificultades? Si levantas la voz, ¿se echa ella a llorar? ¿O es una bebé muy activa que a los seis meses está gateando hacia la mesita del centro de la sala y tumbando lo que hay sobre ella?

Ciertos niños son muy activos y pueden causar muchos problemas disciplinarios. Con otros, tal vez sea más fácil. Obviamente, los métodos disciplinarios tienen que variar con la criatura. Tu meta no es controlar al niño. Lo que tienes que hacer es fomentar el autocontrol.

Patrick es activo en exceso y mi esposo tiende a
pensar que todo lo que el niño hace es malo. Patrick se
para en el espaldar del sofá, baila en la mesa, se para
en la barbacoa y salta de la mesa de picnic.

Se mete en todo y su papá constantemente lo llama
niño malo. Yo le sugiero que le diga: "Lo que estás ha-
ciendo no está bien pero tú no eres un niño malo". Él es
travieso, mucho más que los otros.

Mis niños se han hecho cada vez más activos y yo
tengo que lidiar con cada uno individualmente.

Angelina, 28 – Steve, 13; Elaine, 10; Mike, 8; Patrick, 2

A los niños no se les debe clasificar como bueno, malo, brillante o estúpido. Sencillamente, no se les debe clasificar. Aún así, hay quienes clasifican tan rápidamente a los pequeñitos y los niños probablemente van a vivir de acuerdo con la clasificación. Permite que tu hijo o hija sea él mismo o ella misma. Como dice Angelina, se clasifica el comportamiento, no al niño.

Tu niño tendrá una vida más satisfactoria si le enseñas/disciplinas bien. Y tú te regocijarás con él mucho más si te tomas el tiempo y tienes la paciencia para disciplinarlo eficazmente. Es una de tus tareas más importantes como madre o padre.

Disciplinar a tu bebé significa satisfacer sus necesidades lo más posible.

2

Los bebés y la disciplina

- ¿Se puede malcriar o consentir a los bebés?
- El bebé es egocéntrico
- Seguir respondiendo
- Lidiar con el llanto
- Síndrome de zarandeo o sacudida
- La hora de acostarse debe ser placentera
- Dormir toda la noche
- Chuparse el dedo está bien
- El bebé puede reflejar lo que tú sientes
- Las necesidades de madre y padre también son importantes
- Tú preparas el ambiente

No creo que se puede malcriar a un bebé.

Adia, 17 –Shareef, 11 meses

Siempre lo tomamos en brazos cuando llora. A Whitney le preocupa un poco que se malcríe. Dice que ella no lo toma en brazos cada vez porque él siempre va a estar en brazos de alguien. Supongo que podría tener razón, pero cuando lo veo llorando, lo quiero tomar en brazos. Así que lo hago.

Randy, 17 – Keegan, 2 meses

No puedo dejar a Shavone acostada y llorando. Me da lástima y la tomo en brazos. Mis amigas me dicen: "No la tomes

en brazos enseguida. La vas a malcriar", pero yo no
puedo hacer eso. De hecho, nunca la dejo llorar.

Rene, 18 – Shavone, 1 mes; Vanessa, 19 meses

¿Se puede malcriar o consentir a los bebés?

Hay quienes se preocupan porque se puede malcriar o
consentir a un nuevo bebé. Advierten que si tomas a la criatura
en brazos apenas llora, lo que haces es estimularla para que
llore con más frecuencia. Pero malcriar a un nuevo bebé es
imposible.

La disciplina para tu bebé significa satisfacer sus necesidades de manera delicada y cariñosa. Satisfacer sus necesidades le ayuda a adquirir confianza en las personas que la
rodean.

La confianza es básica para que se convierta en un ser
humano bien amoldado y atento. Ésta es la fundación para la
autodisciplina que a la larga es tu meta para ella. Atender a tu
bebé es una tarea difícil y agotadora, pero es importante para
satisfacer sus necesidades de la manera más completa posible.

Las primeras semanas me resultaron muy difíciles—
trataba de tener paciencia y no ponerme tan tensa que
Makalah lo sintiera. ¡Y el cansancio! Nunca dormía lo
suficiente.

Nykesha, 16 – Makalah, 9 meses

Una bebé con hambre no puede esperar tanto para que le
den su comida o su confort. Cuando se deja sola con su sufrimiento, lo único que aprende es que su mundo no es un lugar
seguro.

No puede confiar en que va a satisfacer sus necesidades.
Hay menos probabilidad de que prospere en tal mundo.

Cuando Sonia era bebé yo trataba de adivinar lo que
andaba mal. Me parece que los bebés lloran por algo.
Me asustaba de que se estuviera ahogando con algo o

que le doliera la cabeza o el estómago. No creo que los
bebés lloren por el gusto de llorar.

Estela, 18 – Sonia, 19 meses

Estela tiene toda la razón—los bebés no lloran por el gusto
de llorar. Una bebecita se incomoda, hasta se enoja, si no le
dan de comer enseguida. Recuerda que para tu bebé el hambre
es una sensación físicamente dolorosa.

El bebé es egocéntrico

La mejor disciplina en esta etapa es que tú te disciplines a ti
misma o a ti mismo para satisfacer las necesidades de tu bebé
de la mejor manera que te sea posible. Pero es difícil para una
madre o un padre estar radiante y alegre con un bebé llorón.

Los bebés recién nacidos son totalmente egocéntricos. No
entienden que tú estás agotada o que tienes muchos quehaceres. El bebé sólo sabe que tiene hambre o que está mojado o
que se siente solo o, en términos generales, desconsolado.

Por supuesto que habrá momentos en que tú te sientes incómoda con tu bebé llorón. No te sientas culpable por sentirte
así. Lo importante es realmente la forma en que reaccionas
hacia la criatura.

Lacey lloró mucho hoy. Traté de controlarme lo más
posible, pero ella sabía que yo estaba incómoda porque
se me quedaba mirando. Me sentí muy mal y empecé a
llorar. Yo quiero mucho a mi niña linda.

Donna, 15 – Lacey, 3 semanas

Como lo descubrió Donna, tu bebé puede reaccionar ante tu
incomidad con más inquietud. Siente tu estrés en el tacto y la
forma en que la tomas en brazos.

Ya sea que cantes bien o no, a tu bebé le va a encantar el
sonido de tu voz. Tal vez cantarle va a mejorar tu tensión y la
de él:

Lo que más le gusta a Vincent es que le cante cuando

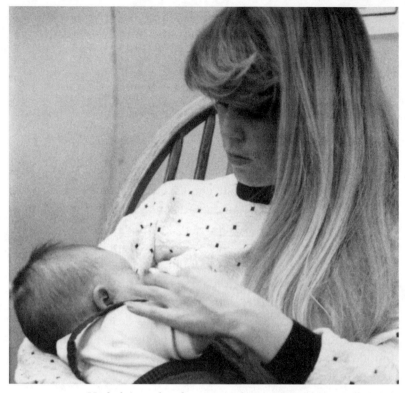

Un bebé con hambre no puede esperar tanto
para que le den comida ni confort.

está comiendo. Lo miro a los ojos y le hablo o le canto y
abre los ojos bien abiertos. Entonces cierra los ojos y a
poco se duerme.
   A veces ni necesita comer. Le encanta que le cante.

                                        Alice Ann, 15 – Vincent, 3 semanas

Seguir respondiendo

   Casi todas las madres tienden a preocuparse por el malcriar
o consentir a sus bebés un poco más adelante. Cuando el bebé
está despierto más tiempo durante el día, como a los cuatro
meses, por ejemplo, tal vez te preocupe el asunto. A lo mejor
los que te rodean te dicen que ya lo estás descomponiendo
todo al acercártele cada vez que llora.

Ciertos bebés puede que se incomoden cuando están tratando de aquietarse y después ya no necesitan más atención. Pero el llanto es diferente. Es imporante siempre responder cuando llora y, además, jugar con él regularmente.

> *Le gusta estar con mucha gente. Quiere toda la atención. Si no le hablamos, se molesta con nosotros. Así que jugamos mucho con ella.*
>
> Kimiko, 17 – Sujatha, 5 meses

Cuando juegas con tu bebé, probablemente vas a notar que él mismo te quita menos tiempo y energía que si lo dejaras llorar. También te sentirás mucho más satisfecha.

Durante estos primeros meses no va a llorar "sólo para llamar la atención" a no ser que necesite la atención. Los resultados de ciertas investigaciones muestran que los bebés a cuyo llanto se responde rápidamenate lloran menos que los bebés a quienes se deja llorar y llorar hasta que se callan. Si tú respondes rápidamente al llanto del bebé, habrá realmente menos probabilidad de que éste sea un niño malcriado y quejumbroso.

Lidiar con el llanto

Para muchos bebés, la etapa de los dos a los seis meses es feliz, en su mayor parte. Eso no quiere decir que siempre está contenta y es de manejo fácil desde el momento en que cumple dos meses hasta que gatea. Habrá momentos difíciles con cualquier bebé.

> *Cuando la criatura llora y llora y tú no sabes por qué llora, te dan ganas de arrancarte los cabellos. Yo me hago recordar que Nick es mi bebé. Él no me pidió nacer. Él está en el mundo porque yo lo quise. Así que lo atiendo. A veces me incomodo cuando llora y llora pero yo no se lo dejo ver a Nick. A veces mi hermana lo carga de unos cinco a diez minutos y para entonces me siento bien.*
>
> *A todo el mundo le ocurren esos momentos. Si no*

sabes qué hacer, debes dárselo a alguien por lo menos
unos cinco o diez minutos.

Theresa, 16 – Nick, 6 meses

Como dice Theresa, a todo el mundo le ocurren esos momentos. Tú, o alguien allegado a ti, puede pensar que no debes
sentirte de ese modo. Pero esas sensaciones son normales y
están bien. El secreto es no permitir que esas sensaciones se
transformen en acciones inexcusables. Tener a otra persona
cerca para que se encargue del bebé un ratito puede ser de
utilidad.

Cuando me in-
comodo de verdad,
me lo guardo por
dentro. No le puedo
gritar a Jay. Él no
entiende. No sabe
lo que está bien y
lo que está mal.
No le puedo gritar.
Sólo lograría que
él se incomode
más. Una señora
de por aquí en esta
calle solía gritarle
a su bebé y ahora
que el niño tiene
5 años, tú le dices
algo y se echa a
llorar. A veces le
doy a Jay a Vince.
Él lo acuna unos
diez minutos y yo
me voy afuera de la
casa.

Bev, 17 – Jay, 8 meses

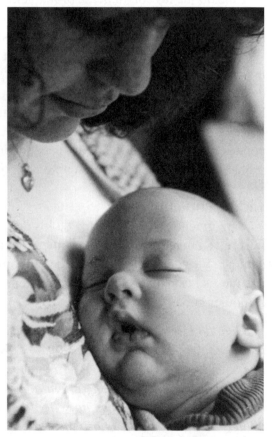

A lo mejor se puede dormir la mayoría
de las veces sin incomodarse.

Pon atención para que tu bebé esté limpia, seca, calentita pero no demasiado y que no tenga hambre. Si todo eso anda bien pero ella sigue llorando, acércatela. Acúnala, háblale. Ciertos bebés se calman cuando van en un auto. A otros les gusta la música suave o hasta el sonido de la aspiradora eléctrica.

> *Cuando Shareef era bebé, yo me incomodaba mucho con su llanto. Se la daba a mi mamá u otra persona de confianza hasta que yo me sentía capaz de volver a ella. Pero ahora yo logro sobreponerme y olvidar lo que me incomoda.*
>
> Adia

Otras sugerencias para calmar a un bebé que llora se pueden ver en *El primer año del bebé*, por Lindsay.

Cuando sientas frustración por el llanto, acuérdate que ella no llora por maldad ni para molestarte. Llora porque, sea cual sea el motivo, no está contenta. Tú harás lo que puedas para que se sienta mejor. Al mismo tiempo, tú, la madre (o el padre), no puedes hacerla sentir bien todo el tiempo. Tú haces lo más que puedes.

Síndrome de zarandeo o sacudida

> *Cuando mi tío me visita y quiere echar a Shareef para arriba y para abajo, eso realmente me atemoriza. Yo no la zarandeo y no dejo que nadie la sacuda. Cuando va a casa de su papá y yo no estoy presente, le digo a él que no permita que nadie la zarandee. Y él lo sabe. Él va al médico con nosotras y lo sabe por los afiches que hay en las paredes del consultorio.*
>
> Adia

A veces una madre o un padre que jamás le daría una zurra al niño puede pensar que esá bien sacudir o zarandear a un bebé o a un niño que se está portando mal. Esto es algo físicamente peligroso.

El cuello de un bebé pequeñito es muy débil. De recién nacido ni siquiera puede mantener la cabeza en alto. La cabeza de un bebé pequeñito o aun uno un poquito mayor es grande y pesada en comparación con el resto del cuerpo. Si se le sacude, la cabeza le va a rebotar entre la espalda y el pecho. Todavía no tiene la capacidad física para apretar los músculos del cuello a fin de protegerse.

A esta edad temprana, el cerebro es más pequeño que el cráneo. Esto permite el rápido desarrollo del cerebro. Por lo tanto, si la cabeza se sacude, el cerebro se va a zarandear de un lado al otro dentro el cráneo. La sacudida puede causar algo de hemorragia y también cóagulos de sangre. Puede resultar daño cerebral permanente o hasta la muerte.

Aunque pareciera que muchos niños sobreviven una sacudida sin ninguna discapacidad, tal vez no sean tan inteligentes como hubieran podido serlo. Más adelante podrían aparecer problemas de la vista o de aprendizaje.

Aun echar al bebé al aire a manera de juego no es seguro por estos mismos motivos.

La hora de acostarse debe ser placentera

Si satisfaces las necesidades de la bebé la mayoría de las veces—le das de comer cuando tiene hambre, la tomas en brazos cuando llora, la acompañas cuando se siente sola—probablemente se va a acostar sin mucho problema casi siempre.

No decidas jugar los juegos más activos a la hora de acostarse. ¡Eso la pondría más alerta y menos lista para dormir!

Éste es un buen momento para empezar a leerle. A los cuatro o cinco meses, no va a escuchar un cuento largo, ni siquiera poemitas ni nanas. Tal vez le guste mirar contigo imágenes grandes y claras. Nuestra preferencia para esa estapa es un libro de fuertes páginas de cartón con una ilustración de un animalito de granja en cada página. Nuestro hijo, cuando era un poquito mayor, insistía en darle las "buenas noches" al cerdito todas las noches durante muchas semanas.

> *Creo que Juan va a aprender mucho más*
> *rápidamente si le leo. Apenas le doy de comer antes de*
> *acostarse por la noche, le leo. Le gusta el sonido de*
> *mi voz. Una vez le leí "Los tres cerditos" con una voz*
> *fuerte. Empezó a llorar. Yo, por supuesto cambié a una*
> *voz más suave.*
>
> Ginny, 17 – Juan, 4 meses

Dormir toda la noche

Para los dos o tres meses, el bebé puede que duerma toda la noche, una verdadera bendición para los agotados padres. Probablemente necesite aún una comida tarde en la noche. Si se la das justo antes de acostarte, tal vez sea suficiente para toda la noche. Si tiene que volver a comer, trata de no permitir que la madrugada sea hora de juego.

> *Cuando eran bebés dormían en el mismo cuarto con*
> *nosotros. Yo les daba el pecho y, usualmente, al mes*
> *ya dormían toda la noche. Si se despertaba, le daba de*
> *comer y lo acostaba.*
>
> *A mí me gusta ser organizada, pero con un bebé*
> *tienes que ser flexible. Tienes que darte un poquito de*
> *libertad. Si se despertaba de madrugada, yo no le daba*
> *gran importancia al asunto. No le cambiaba el pañal*
> *pero sí le daba de comer. Me parecía que si se lo cam-*
> *biaba, se iba a despertar completamente. Si la madre*
> *juega con el niño cuando se despierta de madrugada, el*
> *bebé va a pensar: "bueno, tú quieres jugar".*
>
> Annabel, 27 – Andrew, 10; Anthony, 7; Bianca, 5; James, 2

El consejo de Annabel es bueno. Pero ciertos bebés necesitan un cambio de pañal tarde en la noche para sentirse cómodos.

Chuparse el dedo está bien

Casi todos los bebés se chupan el dedo, unos mucho más que otros. Cuando la tuya lo hace, es porque necesita la

satisfacción de chupar más. Chuparse el dedo a edad temprana
no le va a hacer daño a la dentadura. Si no se le pelea por eso,
probablemente dejará de hacerlo sola cuando ya no
necesite chupar.

Juan se chupa el dedo y trató de chuparse la mano.
No se la pudo meter [en la boca], así que le di un con-
suelo. Mi mamá no quería que se lo diera, pero ésa era
la única manera de hacerlo dormir. Yo no quería
que llorara.

Ginny

¿Puedes imaginar decirle a un bebé que no gatee porque
si no, nunca va a querer caminar? Eso es una bobería. Pero es
igual que decirle que no se chupe el dedo o el consuelo porque
si no, nunca va a querer dejar de hacerlo. Va a dejar de hacerlo
cuando ya no lo necesite.

El bebé puede reflejar lo que tú sientes

Si una bebé de cuatro meses no está contenta gran parte del
tiempo, tal vez la madre y otros en su entorno tampoco son
gente contenta. Los bebés son grandes imitadores. Igualmente,
son criaturitas extremadamente sensibles y pueden reflejar las
actitudes de quienes los atienden.

Si mamá está descontenta, ¿será que está muy cansada?
¿Tiene quien le ayude con su bebé? ¿Puede papi o abuelita
darle una manito?

¿Será que le parece que ella da y no recibe mucho en reci-
procidad como madre y, posiblemente, como esposa? Tal vez
está tratando de permanecer en la escuela o trabajar a tiempo
completo además de atender a su bebé en casa. No es de
asombrar que no esté contenta muy a menudo.

Las necesidades de madre y padre también son importantes

Es muy importante para tu bebé que tanto la madre como el
padre estén satisfechos con su vida. De hecho, la satisfacción

de los padres es gran parte de la propia satisfacción del bebé.
Si te sientes frustrada, tal vez tienes que dar una salidita
sola de vez en cuando. Comparte lo que sientes con una amiga
o un pariente. Busca a alguien que pueda y quiera hacer de
niñera un par de horas. Muchas madres jóvenes informan que
se sienten aisladas y "acorraladas" por las obligaciones de
atender a sus bebés. Pasar unos ratos con las amistades puede
ser eficaz.

> *Es absolutamente normal querer alejarse de los
> pequeños de vez en cuando. No sientas culpabilidad por
> eso. Todos necesitamos estar solos ocasionalmente. Yo
> adoro a mis hijos, pero a veces necesito espacio.*
>
> Thelma, 20 –Melissa, 4; Janeen, 18 meses

Tú preparas el ambiente

Durante esos primeros seis meses, tú preparas el ambiente
para tu relación con tu criatura en el futuro. Al disciplinarte
para satisfacer las necesidades de ella ahora significará menos problemas disciplinarios cuando crezca. Quiérela mucho,
juega con ella, ayúdala a sentirse cómoda. Ésa es la disciplina
en este momento.

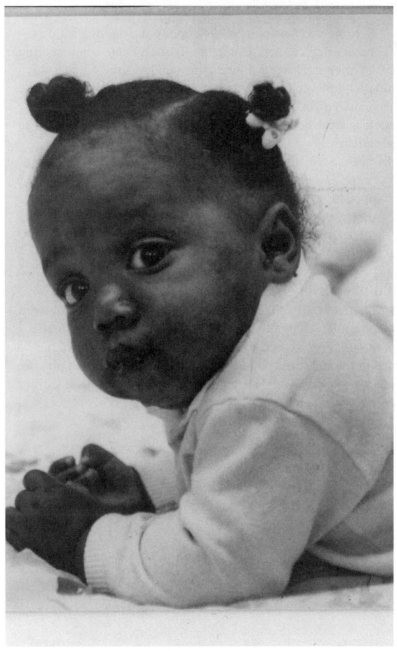

Pronto va a estar gateando.

3

Está gateando — ¡socorro!

- **Aprende por exploración**
- **Juega con ella regularmente**
- **Se necesita supervisión constante**
- **Las comidas pueden ser un desaliño**
- **Si se niega a comer**
- **No mucha memoria todavía**
- **Rutina a la hora de acostarse**
- **Mantener una actitud positiva**

La vida cambió cuando empezó a gatear. ¡Cuando me ve acercar, empieza a "correr!"

Ynez, 16 – Lenny, 6 meses

Cuando Haley alcanza algo que no debe, se lo quito. Si hay cosas en el suelo, las recojo porque ella se mete todo en la boca.

En este momento ella no sabe qué debe y qué no debe [hacer].

Shaquala, 17 – Haley, 9 meses

Dakota se mete en todo. Yo me crié en un lugar donde no podías derramar jugo. Cuando ella hace un desbarajuste, me dan ganas de gritar, pero nosotros no le gritamos.

Cuando yo era chica, todo el mundo gritaba, de modo que eso es lo que yo hago con [mi novio] Nathan cuando me enfado con él. Él es tranquilo y mientras más en quieto está, más grito yo.

Tratamos de no discutir en presencia de Dakota, pero estoy segura de que ella se da cuenta de la tensión.

Zandra, 16 – Dakota, 11 meses

Nicklaus me hace enojar, tal vez porque veo mucho de mí en él. Yo soy malgeniada y cuando él me hace enojar, me siento frustrada. A veces no sé qué hacer.

Mi mamá y mi hermana siempre me dicen que no sé cómo criar a mi hijo. Y Nicklaus es terco con ganas— quiere mis cosas, como mi collar y mis llaves.

Cuando me enoja, me doy cuenta que le grito mucho. Cuando él quiere algo, nada es obstáculo para obtenerlo.

Theo, 19 – Nicklaus, 9 meses

Aprende por exploración

La disciplina se complica un poco más durante la segunda mitad del primer año. Gradualmente, tu bebé se está haciendo una persona que necesita disciplina diferente a la que necesitaba como recién nacida. Satisfacer casi todas sus necesidades de alimento, calor, limpieza y compañía ya no es suficiente.

Ha aprendido muchas destrezas nuevas y le gusta ponerlas en práctica. Tira los juguetes, golpea una cosa contra otra, se mete en la boca todo lo que puede. Cuando empiece a gatear, explorará todo lo que esté a su alcance.

Ahora que puede arrastrarse y gatear, vas a tener un problema si tu casa no se ha puesto a prueba de niños. Quiere y necesita explorar. Así es como aprende.

Unas de las primeras cosas que tu bebé a lo mejor va a querer explorar son tu cara y tu cabello. A lo mejor tira de tus joyas. A lo mejor te mete los dedos en los ojos. Va a torcerte el cabello alrededor de sus dedos y tirar. Cuando te tira del cabello, él no siente ningún dolor, así que no sabe que eso duele.

Problema

Cuando Diego se pone muy malhumorado, a veces me araña y me tira del cabello y me da cachetadas. Yo entonces le agarro las manos y le digo "no". Pero mientras más le digo "no", más lo hace.

Maudie, 17 – Diego, 11 meses

Si Maudie le tirara del cabello a Diego para demostrarle cómo se siente, él se enojaría porque ella le da dolor. Atarse el cabello hacia atrás, lejos de sus manos, es una mejor solución.

Durante esta segunda mitad del primer año del bebé, la mayor parte de la disciplina debe ser aún para ti. Eres tú quien tiene que acabar con el mal comportamiento.

Si se mete en la boca algo peligroso o sucio, a ti te toca sacárselo. Los objetos intocables tienen que estar fuera de su alcance. Tienes que quitarlo de áreas inseguras, o si no, tienes que poner barreras.

A veces a las madres y los padres jóvenes (y a veces a los de más edad) se les dificulta creer que en esta estapa sus bebés no entienden lo que deben y no deben hacer. Los bebés simplemente tienen que explorar porque están en esa etapa de desarrollo. No es que estén malcriados o consentidos, aunque a Delia le cueste trabajo aceptarlo:

Kelsey se porta mal. Es exigente y malcriado. Cuando quiere algo, lo quiere en el acto. Cuando le digo "no" parece que no entiende.

Delia, 16; Kelsey, 7 meses

Delia tiene razón. Kelsey no puede entender lo que quiere su mamá. Aunque pudiera entender, un bebé de la edad de Kelsey no es capaz de esperar con paciencia. Tiene que explorar para aprender, pero no entiende el valor o uso de los objetos. Kelsey no es un "niño malcriado". Se comporta normalmente para su edad.

Pegar en las manitos por alcanzar las cosas tiene muy poco efecto para corregir el comportamiento. Pero sí puede amenazar la relación de confianza que estás creando. También puede dificultar más la disciplina en el futuro.

Aunque la responsabilidad de hacer algo es mayormente tuya, tu guía paciente le servirá a la niña para empezar a aprender qué comportamiento se espera de ella. Eventualmente será capaz de responsabilizarse más por sus acciones. Y si hay comprensión y ayuda durante esos primeros meses, se crea una buena base para autodisciplina y autoestima.

Juega con ella regularmente

A Shareef le encanta jugar a las hurtadillas y a las tortitas de manteca. Le gusta jugar con pelotas – yo hago rodar la pelota y ella me la devuelve. Le gusta mecerse en los columpios.

Adia, 17 – Shareef, 11 meses

Dedica ratos para jugar con ella. Hazle saber que disfrutas de su compañía. Esto es un buen seguro para problemas disciplinarios en el futuro.

Pasar ratos con ella haciendo algo interesante es útil. Me parece que casi siempre cuando se meten en algo es porque no tienen nada que hacer. Pasar ratos con ellos y planear actividades es realmente útil. Cuando yo estoy muy ocupada es cuando ella se mete en problemas.

Adia

Ahora ella necesita apilar y clasificar juguetes. Al jugar con ellos, empieza a entender los conceptos de apilar, clasificar por forma, etc. Aunque es una buena idea colocar sus juguetes de apilar y clasificar bien ordenados en tablillas bajas, es algo frustrante que ella los tumbe de la tablilla casi inmediatamente.

Podrías mantener unos cuantos de esos juguetes fuera de su

alcance. Úsalos cuando ambas juegan juntas. El resto se puede quedar afuera. Vas a tener que volverlos a ordenar con frecuencia para que ella pueda aprender con su juego. No aprenderá mucho con una caja llena de piezas de distintos juguetes.

Se necesita supervisión constante

Cuando tu bebé está aprendiendo a ponerse en pie, va a querer practicar mucho su nueva destreza. Tratará de erguirse agarrándose de casi cualquier cosa. Una mesita de sala fuerte, un sofá, o unas sillas pueden darle buen apoyo. También tratará de erguirse agarrando la inestable lámpara o el mantel de la mesa.

Tú le vas a advertir de esos peligros. Él volverá a intentarlo enseguida. Alguien te dirá que lo debes castigar. Después de todo, no te "hace caso", no te "escucha".

*Tirar de las cosas para erguirse
es una necesidad fuerte del desarrollo.*

En realidad, no está tratando de irritarte, pero en esta etapa de su vida no entiende tu preocupación. No va a recordar tus advertencias. Además, sencillamente no puede controlar su impulso de echar mano a cualquier cosa que esté disponible durante sus repetidos intentos por ponerse en pie.

Si puedes quitar el mantel, hazlo. Si la inestable lámpara se puede sacar de la sala por unos meses, hazlo. Ésta es la mejor manera de disciplinar a esta edad.

Pero quizás éstos son objetos que, por una razón u otra, tienen que permanecer en su lugar. Entonces, cada vez que el bebé trate de tirar del mantel, tienen que alejarlo a él en el acto. Muéstrale un lugar seguro para que se pueda poner en pie. Debe haber muchos lugares aptos en tu casa. Dile "no" al alejarlo del mantel.

Ni zurrar, ni dar nalgadas, ni levantar la voz es una buena solución para este problema. Tirar de algo para erguirse es una necesidad del desarrollo, algo que tiene que lograrse. Si le das nalgadas cada vez que se dirige al mantel, eventualmente puede que te desconecte. Puede parecer como que no le importan las nalgadas. O si no, se atemorizará. No sabe por qué le pegas. Si se lo dices, no lo va a entender.

Imagina cómo te sentirías tú: estás aprendiendo la maravillosa destreza de estar en pie. En tu entusiamo por perfeccionar esta destreza, quieres practicar. Pero cuando tratas de practicar, o tu mamá o tu papá, una de las personas más importantes en tu mundo, te pega. Eso no tiene sentido.

Una vez más, la consistencia o uniformidad es clave. Realmente no es importante que tú o quienes residan contigo, mantenga(n) ese mantel en la mesa. Tu criatura eventualmente adquirirá la madurez necesaria para entender que no debe tirar de él. Pero no va aprender a palos. Su aprendizaje depende de mucha enseñanza paciente por parte tuya.

Durante un tiempo tú tienes que ser su control. Tú tienes que demarcar sus límites y ayudarle a mantenerse dentro de los mismos. Regañar y castigar a un bebé por olvidar tus reglas no tiene sentido.

Primero tiene que madurar lo suficiente para entender y seguir las reglas. Cada vez que agarra el mantel, llévalo a un área donde tirar de algo para ponerse en pie es seguro.

Tal vez te preguntes: "¿Por qué tanta preocupación por un mantel?" Muy pocos dejan un mantel puesto donde un párvulo lo pueda quitar de la mesa.

Esto es cierto. Pero muchas familias tienen por ahí cosas que pueden ser igualmente atractivas. Lo importante es darse cuenta de que son los adultos, no el niño, quienes tienen la responsabilidad de bregar con estas situaciones.

Si no quieres o no puedes poner tu casa a prueba de niños, tienes que querer y poder pasar enormes ratos ayudando a tu niño a entenderse con su entorno.

Las comidas pueden ser un desaliño

La hora de comer es una tortura para ciertas madres (y ciertos padres) de bebés y párvulos. Un bebé puede interrumpir una comida al requerir el pecho o un biberón justo cuando la familia se sienta a la mesa para la comida — y a menudo lo hace.

Dentro de poco, como a los seis meses, se podrá sentar en la silla alta. Probablemente intente comer por sí sola aunque parezca que sólo juega con la comida. A lo mejor la comida le parece algo muy intersante para examinar.

Apretará y estrujará la comida en su puñito, la untará en su bandeja o charola como si fuera pintura de dedos, o la tirará al piso para observarla caer. Probablemente, la cuchara irá ahí detrás.

La comida es una nueva área para descubrir y ella está muy ocupada explorándola. Aunque es un poco desconcertante a la vista de los otros miembros de la familia, ella no está tratando de ser desobediente. Sencillamente, disfruta de sentir la comida aporreada.

Por supuesto que al principio puedes limitar este desastre y aun ayudarle a aprender a comer. Para empezar, puedes colocar periódicos o una bolsa plástica para basura debajo de la silla alta, especialmente si ésta está sobre una alfombra.

Al principio tú vas a ser realmente quien le da la comida. Al mismo tiempo, dale una cuchara y un poco de papa majada u otra cosa que se pegue a la cuchara. Deja que practique.

Un pedacito de pan tostado es bueno para comer con las manos. Un vasito que pueda rodear con sus manitos o una tacita con espita o surtidor puede prevenir que se derrame la leche.

Todavía necesita que le ayudes a descubrir cómo manejar la cuchara o la taza. Si pones tu mano sobre la de ella, le puedes ayudar a guiarla a la boca. A medida que sus destrezas mejoran, su atención cambiará gradualmente de la exploración de la comida a comer por sí sola.

Si se niega a comer

Al acercarse a su primer cumpleaños, la criatura presenta un problema distinto. Si ya come la comida que comen los demás, parece aun más razonable que le des la comida mientras la familia come. Ésta es también una hora social para ella.

¿Pero qué sucede cuando ella ha aprendido la potencia que tiene decir "no" y negarse a comer? ¿Qué tal si la mamá está igualmente dispuesta a que la criatura va a comer? A lo mejor ella ni se preocupa en absoluto por comer. Casi todos los párvulos juegan con la comida en una forma u otra, pero ciertos niños parecen no hacer otra cosa.

Como al año, a lo mejor necesita menos comida. Pronto, "no" es su palabra clave. Mamá tal vez se preocupa porque su niño no está comiendo lo suficiente. Si lo insta a comer, su "no" será más resuelto que nunca. Es probable que ese "no" genere mucha atención. Esto refuerza su comportamiento negativo.

Preocuparse por el comer de un chiquitín, observarlo escupir la comida, o verlo derramar la leche en el suelo no es exactamente un placer a la hora de la comida familiar. Pero se pueden hacer ciertas cosas positivas.

Como ya se ha dicho, coloca periódicos alrededor de la silla para limitar el desaseo. Dale principalmente comida que pueda comer con las manos y pueda manipular solo. Más importante aún es que no tienes que preocuparte de que se va a morir de hambre o de que le van a faltar los alimentos apropiados. Si tiene hambre, va a comer.

Si le ofreces sólo cosas que debe comer, y si no le das comida con mucha azúcar o mucha grasa, probablemente va a comer una dieta que en conjunto es balanceada. Un día puede comer carbohidratos y al día siguiente, proteínas, pero al final de cuentas, se balancearán las cosas. Si puedes ser informal en cuanto a su manera de comer, las horas de comidas

Dale principalmente comida que pueda comer con las manos. Si tiene hambre, va a comer.

posiblemente no se conviertan en problema disciplinario.

Si insistes en que coma cuando no quiere comer, si le pegas por derramar la leche, o si le gritas por jugar con la comida, la hora de comer será un sufrimiento para todos.

Ciertas madres jóvenes se quejan de que los abuelitos les dan galletas y pastillas a sus bebés, tal vez hasta sorbitos de soda o gaseosa. Abuelita puede considerar que esto es una señal de amor.

Si esto sucede en tu casa, tal vez valdría que sugirieras un abrazo en vez de una golosina dulce. Así puedes responsabilizarte para tener bocadillos nutritivos a la mano. A esta edad, tu criatura todavía necesita bocadillos, pero por supuesto que no le debes dar comida chatarra o basura ni bebidas gaseosas.

No mucha memoria todavía

Wendy todavía no tiene edad para entender nada de lo que le digo.

Si le digo "no" ella no sabe lo que quiero decir. Si tiene entre manos algo que yo no quiero que tenga, se lo quito y le doy otra cosa.

Pati, 21; Wendy, 10 meses; Rosalind, 5

¿Tiene ya memoria tu bebé? No mucha. Puedes "probar" su memoria tú misma.

Prueba de memoria

Siéntate con ella en el piso. Déjala jugar con un juguete unos cuantos minutos. Luego tómalo y métclo bajo una pañoleta. ¿Trata de alcanzarlo o buscarlo? Si no lo hace, sabes que, sencillamente, no se acuerda del juguete. En lo que a ella concierne, desapareció.

Hazlo un juego. Pon el juguete parcialmente bajo una manta, colcha o frazada. Dile: "Busca tu juguete". ¿Trata la criatura de alcanzarlo? Al principio tal vez no. Después, al desarrollársele la memoria, podrás cubrir el objeto totalmente y ella se acordará de buscarlo.

Hasta que la memoria de tu criatura esté bien desarrollada, no puedes esperar que recuerde que ayer le dijiste que no se acercara a la mesita de la sala. La memoria se desarrolla gradualmente. Tu paciencia durante esta etapa es parte importante de tu disciplina a largo plazo.

Su memoria a corto plazo en esta etapa también hace posible la sustitución de un juguete por otra cosa en vez del objeto prohibido que agarra.

Rutina a la hora de acostarse

¿Tienes amigas con problemas para que su niño se acueste y se duerma? Es probable que tú quieras hacer de la hora de acostarse una experiencia diferente para tu hijo.

El hábito de tenerlo en brazos al darle la mamadera, la mamila o el biberón es particularmente útil cuando él empieza a resistirse a acostarse. A los seis meses, el bebé por lo general se duerme si lo necesita. Para los nueve meses, más o menos, no es siempre así. Para esta edad, el bebé está interesado en tantas cosas que a lo mejor no quiere tomarse el tiempo para dormir. También puede servir el que le establezcas una rutina para la noche:

> *Tengo una rutina. Desde los cinco meses empezó a acostarse a una hora fija y a las 8 ya está dormida. Jugamos un ratito, luego le doy un baño. La llevamos a la cocina para beber algo y miramos un libro de láminas. Entonces la arropamos. Esto funciona.*
>
> Stacy, 16 – Tiffany, 9 meses

Leerle a tu bebé a la hora de dormir puede calmarlo de modo que le será algo más fácil dormirse. Mecerlo para dormir es un método que emplean muchos padres.

> *Si no mecemos a Sonja antes de acostarla, chilla durante una hora – pero si la mecemos, se duerme en 15*

minutos. A mí no me molesta, excepto que no quiero que
a los dos años todavía haya que mecerla para que se
duerma. Quiero poder acostarla y que se duerma.

Julie, 16 – Sonja, 7 meses

Es probable que casi todos los párvulos no tengan ganas de
que la mamá sencillamente pueda "acostarlos y que se duer-
man". Casi todos los niños mayorcitos prefieren seguir una
rutina y que los arropen por la noche. Tu bebé seguirá
necesitando cierta atención especial en este momento.

A veces un cambio de cama o cuarto puede interrumpir el
horario de dormir hasta de un bebecito:

Jonita dormía realmente bien toda la noche. Enton-
ces cambié de dormitorio con mi hermana y la puse
en una cuna nueva. Las últimas dos semanas se ha
despertado por la noche y yo por lo general le doy su
biberón.

A veces se acuesta a las 9 p.m. y después se despierta
a las 11. Si todavía estoy despierta, la dejo que juegue
sola hasta que se vuelva a dormir.

Ellen, 17 – Jonita, 6 meses

Jonita a lo mejor no tiene hambre cuando se despierta.
Probablemente sería mejor que Ellen probara otro método para
calmarla antes que darle una mamila extra. Podría acercarse
a Jonita, asegurarle que está allí con ella, tal vez darle unas
palmaditas en la espalda unos minutos. Jonita podría volverse
a dormir de esa manera. Si no, el siguiente paso sería que su
mamá le diera a beber agua.

Chequearle el pañal. Si se ha orinado, probablemente se le
debe cambiar.

Permitirle jugar cuando se despierta podría ser un hábito
que a Ellen no le gustaría que Jonita adquiriera. Dejarla
estar despierta "si aún estoy despierta" va a causar grandes
problemas la semana entrante si Ellen está cansada y quiere
acostarse más temprano.

Mantener una actitud positiva

Tu niño ha progresado sorprendentemente en muy poco tiempo. Ha pasado de ser un recién nacido casi indefenso a un niño que se moviliza independientemente. Puede usar sus manos para alcanzar cosas y examinarlas de distintas maneras. Está aprendiendo a comunicar sus necesidades de manera distinta al llanto. Éstos son sólo unos cuantos de sus muchos logros.

Mantener una actitud positiva hacia tu bebé casi siempre durante este primer año es posible si recuerdas su etapa de desarrollo. No es un "bebé malo" si no puede controlar su impulso por erguirse. No es malo si continuamente estropea lo que hay en la mesita de la sala. En este momento, tú eres su conciencia.

La palabra mágica, como ya se ha dicho, es supervisión. Aunque el autocontrol es tu última meta para tu hijo, es el autocontrol tuyo lo que importa ahora.

¡La crianza es una labor grande, pero tu hijo vale el esfuerzo!

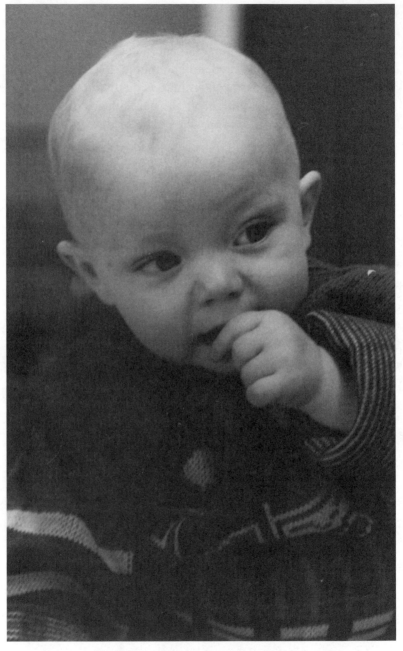

Necesita poder satisfacer su curiosidad.

4

"A prueba de niños" como disciplina

- Ayudarle a aprender
- Curiosidad del bebé
  – ansiedad de madre
  y padre
- El corralito impide
  la exploración
- Poner la casa
  a prueba de niños
- Sólo objetos
  seguros afuera
- Si los abuelos
  no lo aprueban
- Se necesita acomodo
  o acuerdo
- La comunicación
  puede ser de utilidad
- No a prueba de niños,
  tal vez más supervisión

A veces Haley me perturba. Está en el piso cuando estoy haciendo algo y trato de limpiar el piso. Se mete cosas en la boca y le digo "no" y no me hace caso. Entonces respiro profundamente y trato de no incomodarme.

Por eso es que no tenemos nada afuera. Ella se mete en todo.

Shaquala, 17 – Haley, 9 meses

Cuando Rashad empezó a gatear, se iba a todos los aparadores. Le echaba mano a la más mínima cosa que veía y se la metía en la boca. Tenía otras cosas para jugar, pero siempre quería lo que no le correspondía.

Yo le compraba un juguete grande y hermoso y él
quería algo rarísimo.
Tuvimos que esconder casi todo. Si se hacía de algo,
yo se lo quitaba y lo ponía en alguna parte donde no
pudiera verlo. O si no, lo cambiábamos de lugar
permanentemente para que él no tuviera ese problema.
Le encantaba agarrar las películas debajo de la TV.
Compré uno de esos cierres con trabilla y se lo puse
para que no la pudiera abrir.

                                   Willadean, 17 – Rashad, 21 meses

Ayudarle a aprender

Si la curiosidad de la niña se malogra con tantos "no" y
otras clases de restricciones, no va a aprender tan bien como
debería. Para decirlo sin rodeos, no será tan lista como
pudiera serlo.

Por otro lado, si puede satisfacer su curiosidad casi siempre, y si tiene muchas experiencias distintas y una variead de
cosas que explorar, obtiene una buena fundación para el
aprendizaje en el futuro.

Por ejemplo, está aprendiendo acerca de los objetos: que
unos son pesados y otros livianos; unos son lisos, otros son
toscos; unos se sienten fríos y otros cálidos; que el metal y la
madera son diferentes al tacto; que las alfombras y los pisos al
descubierto se sienten distintos. La lista puede seguir por
lo largo.

Su fuerza interior le dice que tiene que interactuar con su
entorno de toda manera posible: extender la mano para
agarrar, gatear, agarrar objetos, golpear uno contra otro,
lanzarlos, llevárselos a la boca y saborearlos.

Está aprendiendo rápidamente una enorme cantidad de
cosas sobre su mundo. El conocimiento que adquiere
proporciona una fundación para todo aprendizaje futuro.

Si es algo que simplemente no puede hacer, lo pongo
fuera de su alcance. No puedes esperar que un bebé
entienda que no puede hacer algo que quiere hacer. Si le

va a dar a la pared con un martillo, le quitas el martillo
en vez de sólo decirle "no".

John, 21 – Mandi, 22 meses

Está aprendiendo también acerca de las personas. Se espera
que ya haya descubierto el confort del cariño y la atención
proporcionados por personas que la quieren y se preocupan
por ella. Ahora está aprendiendo cómo reaccionan a su afán de
aprender, a su curiosidad, esas personas tan importantes. Si su
entusiasmo por aprender se valora y se anima, se va a divertir
y emocionar más con lo que aprende. Aprenderá aún más
rápidamente. Sin duda que esta criatura va a querer aprender
cuando vaya a la escuela.

Cuando le proporcionas a tu hijo un ambiente sano para
aprender estás fomentando el aprendizaje. Muchos problemas
disciplinarios van a desaparecer al mismo tiempo. Un ambiente de "no" constante va en contra del aprendizaje y es un reto
continuo a la buena disciplina.

Poner la casa o el apartamento a prueba de niños es un
asunto clave. Tienes que asegurar tu hogar por y para ella.
También tienes que proteger ciertas cosas de la criatura.

Curiosidad del bebé – ansiedad de madre y padre

Shelley anda por la casa en busca de todo. Pero
siempre hay alguien que le dice "no, no puedes tocar
eso".

Dixie, 18 – Shelly, 17 meses

¿Es fácil cultivar su curiosidad? Veamos una típica sala
amueblada con sofá, mesita de centro, lámparas, sillas,
televisor y librero.

La lámpara de piso tiena una base inestable y se puede
voltear muy fácilmente. Una de las sillas es una frágil
mecedora que mamá no quiere que se dañe porque era de su
abuela. En la mesita del centro hay un tazón de cristal, un
ramillete de flores artificiales y varias estatuillas de porcelana.
Tres retratos de familia cubiertos con vidrio están sobre el

Tiene curiosidad por todo. Así es como aprende.

televisor. Recostada a la pared hay una mesita. En ella hay una
jarra y seis vasos. En el librero hay libros que no son
infantiles.

Imagina ahora a un bebé de diez meses en ese cuarto.

Ha estado gateando varias semanas. Ahora está aprendiendo
a erguirse y mantenerse de pie.

La próxima vez que alguien te diga: "Ay, tienen que aprender. Si tiene edad suficiente para tocarlo, tiene edad suficiente
para entender que no debe tocar", piensa en este cuarto. Las
flores, el tazón, los retratos, las estatuillas, los vasos, todos
son invitadores. Tiene muchas ganas de explorar y, finalmente,
sus habilidades motoras se han desarrollado a un punto en que
puede empezar. Todas estas cosas están en espera de su
descubrimiento.

¿Pero qué sucede? "No, no puedes tocar eso".

"Ya te lo dije, deja esos retratos tranquilos".

"Aléjate de esos vasos".

"Suelta ese tazón en el acto".

"No se te ocurra tocar esas flores".

Desafortunadamente, con frecuencia hay palmadas en las manitos cuando se dan esas órdenes.

Ponte en su lugar. ¿Quieres aprender tanto como antes? ¿O te recuerda un poquito el extraño estado de nuestras escuelas si la maestra dijese: "Esto es lo que tienes que aprender hoy, pero no se te ocurra abrir ese libro. Puedes romper las páginas".

¿Qué tal si la maestra de ciencias dijera sombríamente: "No te acerques a esos microscopios. Los vas a ensuciar"?

¿O alguna vez escuchaste a un maestro de música decir: "No toques ese clarinete. Se puede romper"?

A lo mejor te gustaría dejar las cosas afuera para enseñarles a los niños, pero cuando ya es muy tarde, no tiene sentido. Claro que les enseñamos a no tocar los tomacorrientes, varias de las alacenas, etc.

Pero sólo poner los adornitos donde los pueda alcanzar y decirle que no los puede tocar es cruel. Es como poner a una persona con hambre frente a una mesa con comida deliciosa, luego decirle que no puede comer. Naturalmente, un niño es curioso—quiere ver y tocar todas las cosas bonitas.

Erin, 22 – Kelton, 7; Wayne, 9 meses

¿Alguien te ha sugerido alguna vez que la mejor manera de que un bebé aprenda el valor de la propiedad es dejar las cosas afuera para que las toque? Luego, te pueden decir que castigues al bebé por manipular esos objetos.

Casi todos los niños a quienes se castiga de esta manera eventualmente aprenden a no tocar los objetos. También van a aprender que explorar es peligroso. Pueden decidir que los buenos libros son de evitar. Se darán cuenta de que los padres

lo pueden hacer sufrir a uno y que la fuerza es una manera
eficaz para controlar a las personas.

Vamos a quitar las cosas de las mesas para no tener
que decir "no" constantemente. La mamá de Janeen
tiene una mesita de centro con posavasos, flores y cosas
por el estilo. Estamos tratando de que saque todo eso de
la sala y la cocina y parece como que va a hacerlo.

Jason, 18 – Josh, 3 meses

Claro está que gradualmente tu niño tiene que aprender que
ciertas cosas son suyas y ciertas cosas no lo son. Con ciertas
cosas se puede jugar y con otras no. Sin embargo, antes de los
tres años no tiene la capacidad para decidir qué es exactamente
lo que puede y lo que no puede explorar.

En primer lugar, el desarrollo de su mermoria apenas acaba
de empezar. ¿Cómo es posible que recuerde hoy que ayer le
dijiste que no tocara las flores?

Durante el segundo año, va a tener más capacidad para
seguir tus instrucciones.

"¿Cómo va a aprender el significado de "no" si yo nunca le
digo "no"?—te preguntarás. Nunca decirle "no" es probable
que nunca suceda. ¿Imaginas una casa donde uno que se arras-
tra o uno que hace pininos nunca tiene que oír "no"?

Habrá muchos momentos en que tienes que decire "no".
Tendrás que evitar que se queme en la estufa. No lo dejarás
pararse en la silla alta para que no se caiga. Existen docenas de
cosas que tendrá que aprender aunque tengas la casa a prueba
de niños de la mejor manera posible.

Si se le dice "no" todo el día, no es de asombrar que no
ponga mucha atención. Pero si al decirle "no" la madre aparta
inmediatamtente al bebé de la actividad prohibida, él entenderá
mucho mejor que "no" significa que la actividad no se permite.

El corralito impide la exploración

¿Piensas meter a tu niña en un corralito? Encerrarla durante
más de un corto período es garantía de que o se va a aburrir o a

enfurecer. El aburrimiento es también asesino de la curiosidad, del aprendizaje. Tampoco aprende mucho cuando está enojada.

A mí no me gustan los corralitos. Me parece como que estuviera encerrando a Shelly, como que le estuviera poniendo una correa [de animal]. Mi mamá siempre me decía que consiguiera un corralito. Decía que si no, me iba a arrepentir y que la niña se metería en todo.

Shelly sabe más porque no la he encerrado así. Estoy segura de que hubiera aprendido las cosas más tarde si hubiese estado en el corralito. Cuando se metía en algo, mi mamá me lo echaba en cara, pero yo creo era necesario para Shelly.

Dixie

Mucha gente cree que una niña en un corralito significa una pérdida de tiempo. Está separada de las cosas que le interesan

Una criatura en un corralito no puede satisfacer su curiosidad.

y avivan la curiosidad. No puede explorar y desarrollar conceptos. No puede poner en práctica sus destrezas de desarrollo. No hay lugar para gatear o caminar.

Una niña en un corralito no aprende nada sobre disciplina. Se supone que está en un lugar seguro donde necesita poca atención. Probablemente le prestan la más mínima atención. Es como si fuera un juguete puesto en su lugar.

En muy contadas ocasiones, un corralito puede ser necesario. Cuando vas de picnic o a la playa, puede que te convenga llevar el corralito si la niña no tiene todavía la capacidad para jugar en el suelo o la arena.

Ocasionalmente tienes que participar en una actividad que no te permite observar a la niña y no hay nadie para hacerlo. Es posible que tengas que usar el corralito un momento para mantenerla sana y salva.

Muchas veces se pueden obviar esos problemas buscando un lugar seguro para que juegue. Mantenla cerca de donde estás tú para poder observarla.

Un niño un poquito mayor a veces se querrá meter en el corralito como escape de la bebé. Puede ser que aprecie un lugar para jugar con cosas pequeñitas que tienen que estar lejos del alcance de una bebé que aún se mete todo en la boca.

Poner la casa a prueba de niños

Cuando Brandt se mete en algo, le digo "no" y lo quito de allí. Entonces ve algo distinto para jugar.

Le gusta sacar todos los frascos de los gabinetes. Pusimos un cierre a prueba de niños debajo del fregadero.

Sheleen, 15 – Brandt, 1

Si decides no usar corralito, o usarlo sólo por breves períodos, ¿cómo puedes lidiar con ese torbellino que es una criatura terriblemente curiosa, todavía desatinada? ¡Después de todo, tu cordura y la de todos los otros miembros de tu familia es muy importante!

Pusimos el apartamento a prueba de niños. Así casi se han eliminado problemas porque casi todo lo que puede caer en manos de Troy es aceptable. Si eliminas la causa, no tienes el problema.

Cuando vamos a casa de alguien, él se porta bastante bien. Usualmente llevo conmigo un par de juguetes, o le señalo cosas con las que puede jugar en vez de decirle "no".

Teníamos un corralito, pero yo no lo dejaba allí mucho rato.

El doctor me dijo: "Eres boba. No le va a hacer daño tenerlo ahí dos o tres horas al día y eso te dará tiempo para hacer tus cosas". Pero Troy aprendió a entretenerse él mismo y yo podía trabajar sin que él estuviera encerrado.

Rebecca, 20 – Troy, 2 _ años

¡Poner la casa a prueba de niños! Tómate un fin de semana si es necesario. Para empezar, gatea por toda la casa, al nivel del ojo de la criatura. ¿Qué puede ver? ¿Qué le llamará la atención?

Vas a buscar dos clases de cosas. En primer lugar, quieres quitarle las cosas que le pueden hacer daño físico. En segundo lugar, quieres quitarle las cosas que a ti te interesa que no se malogren con su manoseo.

Si te gustan los objetos decorativos frágiles, ponlos en una tablilla alta, si es posible, cerca del cielo raso. Si tienes que dejar ceniceros afuera, usa unos irrompibles. Además, sé responsable y no dejes nunca ceniceros llenos donde un niño pueda alcanzarlos porque las colillas de cigarrillos son venenosas. Los fumadores de tu casa son quienes tienen que encontrar una manera de lidiar con el asunto, no el bebé.

También deberás hacer lo posible para que tu casa sea lugar sin humo. Los bebés y párvulos a quienes se expone a humo de segunda mano se resfrían más y tienen más infecciones de oído. Si alguien de la familia fuma, ¿puede esa

persona salir de la casa para fumar? El bebé se lo
agradecerá.

Puedes obtener cerraduras especiales para los gabinetes de
la cocina, para que la criatura no pueda abrir las puertas de los
mismos. En una ferretería te pueden dar la información.

*No quiero matarle la curiosidad a Mandi porque eso
es lo que la impulsa a aprender. Si siempre la castigas
por meterse en una alacena, va a aprender que es malo
investigar.*

*Cuando pusimos las alacenas de la cocina a prueba
de niños, dejamos cuatro para que ella pudiera meterse
en ellas. Le tomó par de días saber cuáles eran las que
podía abrir.*

John

Revisa tus cordones eléctricos y manténlos en buen
estado. Los alambres al descubierto no son buenos nunca.
Son especialmente peligrosos cuando manitos curiosas que
lo tocan todo se los meten en la boca.

Tapa con tapitas plásticas especiales todos los tomacorrientes o enchufes que no están en uso. Los que están en uso también son muy peligrosos. Quita del medio todos los cordones
que puedas. Un bebé siente la tentación de tirar de un cordón.
Si tira de él parcialmente y luego se le ocurre meter los dedos en las puntas, va a recibir una terrible sacudida. Busca la
manera de poner barreras frente a los tomacorrientes en uso.
Tal vez puedes poner un sofá, o un sillón protegiendo
a otro, etc.

El baño y la cocina son seguros para tu bebé si los tomacorrientes están protegidos con interruptores de fallas a tierra
(GFI por las siglas en inglés para "ground fault interruptors").
En las construcciones nuevas se requieren, pero en las casas
más viejas tal vez no los hay. Estos interruptores se pueden obtener en tiendas de construcción y mejoras para el hogar y no
son muy caros. Traen muchas instrucciones, pero si tú nunca
has hecho trabajos eléctricos, es mejor que alguien te ayude

con la instalación. Si vives en un lugar alquilado, habla con el
administrador del edificio para que te instalen GFIs.

Deshazte de todas las plantas de interior que puedas. Si
te es posible, cuelga del cielo raso las que más quieras, bien
alejadas del alcance de tu criatura. Además, muchas plantas de
interior son venenosas. Puedes llamar al centro de control de
envenenamiento para mayores informes.

Mi mamá tiene muchas matitas con piedritas en los
tiestos. Kalani quiere jugar con ellas, así que pongo
esos tiestos en alto. A Laramie le gusta jugar con la
tierrita de las matas y se la comería si yo se lo
permitiera, así que también tengo que subir ésas.

Kalani trata de darle medicina a Laramie. Así que
pongo las medicinas en una cajita arriba del gabinete,
bien alto para que no las pueda alcanzar.

Lynnsey, 19 – Laramie, 1; Kalani, 2

Está inspeccionando la sala.

Aunque la planta no sea venenosa, sacar de una mesa a tirones una planta pesada puede hacerle daño a un niño. Además, muchas plantas no van a sobrevivir la curiosa inspección de un párvulo.

> *Estoy poniendo todo en alto. Lynn tumbó una planta el otro día y se rompió. Estaba tratando de levantarse agarrándose de la mesa y la mesa se volteó.*
>
> Sheryl Ann, 17 – Lynn, 7 meses

Ciertas parejas jóvenes empacan casi todos sus regalos de matrimonio y los guardan por meses y hasta por años. No tienen espacio para sus vajillas y electrodomésticos en apartamentos pequeños.

Tal vez te convenga hacer lo mismo al poner la casa o el apartamento a prueba de niños. Empaca todas tus curiosidades, los platos frágiles que no están asegurados en los gabinetes, los arreglos de flores artificiales, los libros irremplazables. Más adelante, será divertido abrir todas esas cajas. Por el momento, sabes que esos tesoros están sanos y salvos.

Sólo objetos seguros afuera

Al quitar las cosas, por seguro que no vas a querer que tu bebé las toque, así que, pon atención a las cosas que le pueden hacer daño.

Si puede tocar, manipular y explorar un objeto sin molestarte ni a ti ni al resto de la familia, y sin peligro para la criatura, deja el objeto afuera. La niña tiene que explorar. Si dejas la sala y la cocina demasiado peladas, no puede explorar mucho.

Si tienes muchos libreros, a lo mejor convendría que dejaras vacíos tres pies en la parte de abajo. O si crees que los libros no le van a hacer daño, los puedes dejar en la tablilla. De ser así, asegúrate de que los libros que están abajo no son muy valiosos e irremplazables. Es posible que les arranque unas cuantas páginas. Si tú no fueses capaz de soportarlo, ponlos en otra parte.

Deja por lo menos una tablilla para los libros de tu bebé.
Otra podría ser para guardar revistas que puede examinar
sin que la regañen. Pero si se mete las páginas en la boca, no
debe jugar con revistas. No es saludable ingerir la tinta de las
páginas.

No hay nada en las tablillas inferiores de nuestros
libreros. Todas las alacenas están a prueba de niños,
con llave. En el cuarto de estar sí hay un librero donde
hemos dejado todos los libros abajo.

Todd no se puede meter en las alacenas de la cocina
y esto le molesta, pero [aparte de eso] tiene mucha
libertad.

Jill, 18 – Todd, 16 meses

Este principio de darle una gaveta o tablilla propia se
aplica a otras partes de la casa. Si tienes por lo menos una
alacena en la cocina para que explore a sus anchas, está bien
poner llaves a las demás.

Permítele jugar en las alacenas en donde se guardan ollas
y vasijas de plástico fuerte. Latas o botes de comida también
pueden ser juguetes fabulosos. Por cierto que hasta puede ser
que le gusten tus "juguetes" más que los suyos.

Le permito a Alice andar por toda la casa. Le puse
una liga elástica a la alacena donde no quiero que se
meta. Todas las otras alacenas inferiores las puede
explorar a su gusto. Yo cierro todas las puertas en el
pasillo largo.

Melanie, 15 – Alice, 13 meses

Si los abuelos no lo aprueban

Cuando Kaylie empezó a gatear la cosa fue muy
dura. Mi mamá no quitó nada y yo tenía que andar de-
trás de ella para quitarlas del paso. Yo estoy convencida
100 % de que se debe poner la casa a prueba de niños,
que todo se debe poner en alto, pero ésta no es mi casa.

Alcanzaba todo una y otra vez. Por fin se le pasó y
ahora no las alcanza.

                    Samantha, 16 – Kaylie, 20 meses

¿Qué puedes hacer si no estás en tu propia casa? Si resides
con tus padres, es posible que ellos no quieran poner la casa o
apartamento a prueba de niños. Después de todo, ¡ellos
hicieron todo eso cuando tú eras bebé¡ — ¡suficiente con eso!

A lo mejor puedes comprender lo que sienten. Tal vez es
ahora cuando finalmente han podido decorar su casa como
les gusta y tal vez sus otros hijos ya están crecidos. Puede ser
difícil para ellos volver a la etapa parvularia, especialmente
porque ellos son "sólo" los abuelos.

A veces ciertas personas olvidan lo curiosos que son los
niños que gatean y hacen pininos. O tal vez tú fuiste una bebé
tranquila que no se metía tanto en todo.

Tu niño puede ser activo en extremo y puede investigar
todo lo posible constantemente. A ti te puede parecer que
lo mejor es poner la casa a prueba de niños pero tus padres
podrían pensar que el bebé tiene que "aprender" cuando se le
dice "no". Si la casa es de ellos, esto puede ser un gran
problema para todos.

Ahora todo se ha quitado de mi casa. Con Rosalind
fue más difícil porque estábamos en casa de mis padres.
Mi papá fumaba mucho y ponía las cosas en la mesita
sin pensarlo. Si Rosalind las agarraba, yo tenía la
culpa, él no, nunca. Tú no puedes hablarle a mi papá.
Nunca escucha.

                    Pati, 21 – Rosalind, 5; Wendy, 10 meses

Se necesita acomodo o acuerdo

Hasta los padres jóvenes que se dan cuenta de las ventajas
de vivir con sus padres por un tiempo tienen a veces emocio-
nes encontradas en cuanto a tal situación. Durante la etapa
parvularia, cuando el bebé se mete en todo, los ánimos se
pueden caldear. Para los padres de Glorianne, no había que

poner la casa a prueba de niños, por ejemplo. Danny era un
párvulo sumamente inquieto y Glorianne no estaba de acuerdo
con ellos:

> *Poner la casa a prueba de niños es importante a la*
> *edad de un año. Les tienes que enseñar a no tocar, pero*
> *no tiene sentido ponerles tentaciones sin fin al frente*
> *para que se metan en líos.*
>
> *Tardó un poco para que mis padres estuvieran de*
> *acuerdo, pero al fin logré que se quitaran ciertas cosas.*
> *Teníamos cuidado de que Danny no fuera a la sala para*
> *que no tocara nada de lo que había allí.*
>
> *En el cuarto de estar, mi mamá quitó unas cosas. Mu-*
> *chas veces estábamos jugando allí y yo alejaba ciertas*
> *cosas hasta que termináramos de jugar. Entonces las*
> *ponía de nuevo en su lugar.*
>
> *El niño podía explorar dentro de sus límites y nadie*
> *se frustraba de ese modo. Y aprendió a no tocar.*
>
> Glorianne, 19 – Danny 4

Glorianne ilustra el valor de hacer acuerdos o acomodo.
Porque ella se comprometió a mantener a Danny alejado de la
sala, sus papás se comprometieron a poner la casa a prueba de
niños por un tiempo.

Tus padres a lo mejor opinan firmemente que tu niño "tiene
que aprender" a no tocar cosas prohibidas. Pero se puede hacer
daño mientras aprende y tus padres no quieren que eso suceda.
Si se trata de un objeto de vidrio en la mesita del centro, se
puede cortar si rompe el objeto, o lo puede tirar al piso y le
puede caer en el pie.

Dejar artículos para limpieza donde los pueda alcanzar el
niño es peligroso porque muchas de esas sustancias son venenosas. Un pequeñín examina un objeto no sólo con la vista y el
tacto sino también metiéndoselo en la boca.

En *El primer año del bebé* se dan sugerencias para poner
una casa a prueba de niños.

La comunicación puede ser de utilidad

Lo ideal sería que empezaras a hablar de la situación mucho
antes de que la criatura esté de edad en que se necesita tener la
casa a prueba de niños. Si el pequeño de siete meses que gatea
acaba de romper el florero antiguo favorito de tu mamá, ¡no es
ése el momento de poner la casa a prueba de niños!

Si tu familia se opone a perturbar sus lugares de estar en la
casa poniéndolos a prueba de niños, tal vez tú puedes arreglar
tu recámara para que sea lo menos atractiva e intrigante para
tu bebé. Arregla las cosas de modo que no tenga que escuchar
"no" y "no" y "no" cuando está en ese cuarto. Por supuesto
que tendrás que pasar mucho tiempo con ella, pero esto funciona bien durante el primer año.

Mientras tanto, haz todo lo posible por responsabilizarte de
la crianza. No dejes pañales u otros artículos de bebé regados
por toda la casa. Lava los biberones, las mamilas o mamaderas
inmediatamente después de usados y limpia todo.

Si tú te esmeras por limpiarlo todo, tu familia a lo mejor
piensa que, a pesar de todo, está bien arreglar la casa para
beneficio del bebé.

*Esto fue lo que dijo mi papá al principio: "Todd va
a aprender". Pero papá es quien al fin de cuentas quitó
más cosas. Yo empecé a quitar cosas, pero él dejó unos
libros afuera. Siempre le decía "no, no," pero al fin
puso sus libros en otra parte, como todos nosotros.*

                                                        Jill

No a prueba de niños, tal vez más supervisión

Si tu familia no ve las cosas de este modo, sigue permitiéndole a tu pequeño tanta libertad para explorar como sea posible. Planea también pasar largos ratos supervisando, mucho
más de lo que tendrías que hacerlo si la casa estuviera a prueba
de niños.

Tendrás que enseñarle con tiempo y paciencia, una y
otra vez, que puede jugar con esto, pero que no puede tocar

aquello. Por ratos puedes distraerlo si sustituyes un juguete por el objeto prohibido. Muchas veces, tal estrategia no da resultado y tendrás que confortarlo cuando lo alejas de la actividad prohibida y ayudarle a comprender.

Ciertos niños parecen adaptarse fácilmente a tales restricciones, pero otros no. Eventualmente va a madurar y poder aceptar tales límites.

Si tienes que criar a tu pequeño en un ambiente con muchas restricciones, busca lugares donde puedas llevarlo a jugar con más libertad. Si no tienes patio cercado, ¿hay un parque infantil por ahí cerca? Darle la oportunidad de correr y jugar sin escuchar "deja eso", "no corras", "no toques eso" le ayudará a desarrollar su curiosidad y te hará sentir bien como madre (o padre).

Kyle, quien no reside con su hijo pero lo ve a menudo, hizo el siguiente comentario:

Lo llevo al parque para que juegue y se divierta.
Varios amigos míos tienen bebés y todos vamos juntos al parque y nos divertimos con nuestros pequeños.
Kyle, 17 – Jonathan, 18 meses

Al hacer cumplir los límites que tienes que sentar para tu hija e, igual de importante, al seguir jugando con ella y disfrutando de ella; le estás ayudando a crecer y convertirse en la persona disciplinada que tú quieres que sea.

Crear un buen ambiente de aprendizaje para ella es gran parte de tu tarea.

El barro legamoso es irresistible.
Así es como aprende acerca de su mundo.

5

De uno a dos años — se mete en todo

Ya empieza a morder cuando se enfada. Yo le digo "Uno no muerde a la gente".

Le gustan las plumas y el papel, pero escribió por toda la lavadora.

Le encanta meterse en la basura. Por supuesto que tratamos de ponerla donde no la pueda alcanzar.

Willadean, 17 – Rashad, 21 meses

A Luciann le gusta jugar con el teléfono. Cuando suena, lo agarra y dice "hola, hola".

Usualmente no hablo mucho por teléfono por ella. Casi todas mis conversaciones son bien cortas. La mayoría de mis amigas

son de la escuela y también son mamás y entienden.
Ambas sabemos que tenemos que terminar pronto.
Liliana, 17 – Luciann, 22 meses

Elena siempre ha sido una buena bebé, pero tiene
sus ratos. Últimamente está pasando por la etapa de los
terribles dos años en que sólo quiere hacer lo que le da
la gana.
Ahora ella nos dice "no". Yo trato de no gritarle y no
le quiero pegar.
Se aproxima a algo en los muebles y le decimos
que no lo toque. Le decimos "no" y nos mira y va y lo
agarra. Se lo quitamos y va y lo agarra de nuevo, luego
lo tira.
Raul, 19 – Elena, 23 meses

Le encanta presionar los botones en el estéreo, pero
no tiene problemas cuando le decimos "no". O si no le
extiendo las manos al frente y él corre enseguida para
que yo lo abrace.
Lo que tienes que hacer es probar y probar hasta
encontrar lo que funciona.
Kaylene, 18 – Jayme, 16 meses

Puede ser que no tenga miedo

MacKenzie caminó a los nueve meses. La gente dice
que las cosas mejoran cuando los niños crecen un po-
quito, pero no es así. Ahora que camina se mete en todo.
Echó el teléfono inalámbrico en el inodoro. Desenvuelve
todo el papel higiénico.
Grechelle, 16 – MacKenzie, 11 meses

Cuando un bebé pasa a ser párvulo, la disciplina tiene que
cambiar. Ahora puede caminar. Su nueva independencia le da
mayores oportunidades para aprender sobre su entorno. Se
puede trasladar fácilmente de un lugar a otro si éste parece más
interesante.

Puede alcanzar objetos que antes no alcanzaba. Al trepar, va a encontrar aún más cosas para explorar.

Está aprendiendo muchas cosas importantes. La casa a prueba de niños, lo que hiciste anteriormente, sirve para que sus exploraciones sean más seguras. Pero aun así, puede verse en serios problemas si nadie la observa. Nunca se debe dejarla sola.

Manuel se ha metido por ahí y arruinado cintas de modo que tengo que mantener todo en alto. Tiene mal genio. Empieza a echar pataletas. Cuando le quitas algo o le dices "no", es bien sensible.

La disciplina para él en este momento incluye una rejilla para que no pueda ir a la cocina y jugar con la estufa de gas.

Mantenemos abierta la puerta de su cuarto y juega allí y en el comedor. No le permito entrar a nuestra recámara.

Kambria, 19 – Leesha, 5; Manuel, 14 meses

Los párvulos se pueden lesionar fácilmente. Algunos son trepadores intrépido. Lo puedes encontrar sentado en la mesa de comer tratando de treparse al librero, saltando del sofá o ejecutando alguna otra actividad espeluznante. Pero es que a la edad de un año tiene muy poco concepto del significado de la palabra "no".

Intenta cargar su pesado cajón de juguetes. A veces se le salen y tengo que ayudarle.

Pasar tiempo con ella significa mucha disciplina. En mi opinión, a los niños casi nunca se les debe dejar solos. Necesitan que alguien esté allí con ellos. Lo aprecian mucho. Además, yo no puedo dejarla sola — ¡se mete en todo!

Clancy Jane, 17 – Jenae, 23 meses

La memoria todavía es corta

Si le digo "no" a Robin, corre (gatea) y se ríe. Si está gateando escalera arriba y le decimos "no", gatea

Las instrucciones dadas a cierta distancia casi siempre son inútiles.

más rápido porque sabe que vamos por él.

Sé que no entiende, primero que todo, porque él es mi tercer hijo. Si no esperas que alguien entienda algo que es bueno para él, ¿cómo puede entender "no"? Sabe si le digo el nombre, pero no va a entender si le digo: "no hagas eso".

Jennifer, 23 – Jarrod, 5; Jason, 2; Robin, 1

Por medio de gestos, tu niña de un año tiene la capacidad de decirte muchas cosas. También ya dice unas cuantas palabras. Está aprendiendo a hablar. Es más fácil entender sus deseos y hablarle.

Tal vez hasta puede seguir instrucciones sencillas. Pero no esperes que te "haga caso" o cumpla tus órdenes mucho después de haberlas dado. Sencillamente, no es capaz de recordar.

Las instrucciones que se dan a distancia son inútiles. Ciertos días, en su afán de explorar, puede parecer como que una criatura va de una cosa que no debe tocar a otra igualmente "mala". Es difícil seguirla. Uno tiene la tentación de gritarle para que deje de hacer algo en vez de levantarse una vez más para alejarla de ese objeto prohibido.

> *Gritar, ése es mi problema. Yo no le pego, pero si lo veo metiéndose en algo, inmediatamente le grito. Se resiente con poca cosa.*
>
> Anne, 16 – Mark, 16 meses

No le grites. Levántate y cruza el cuarto. Dile lo que debe hacer al momento en que lo alejas de lo que no puede tocar. Si le gritas las instrucciones a distancia, probablemente no las va a entender. Y aunque las entienda, probablemente las va a ignorar.

Tiene muy poco entendimiento de lo que es "bueno/debido/correcto" o "malo/indebido/incorrecto", o lo que podría suceder como resultado de sus acciones. Hasta el momento en que eso mismo sucede, no tiene la menor idea de que el delicado florero que acaba de tomar se le puede caer de las manos y romperse. La mayoría de los párvulos son "buenos" si les da la gana de hacer lo que deben hacer en vez de lo que no deben hacer.

En realidad, los niños no son ni "buenos" ni "malos". Son personitas muy atareadas aprendiendo a hacer muchas cosas. A veces las cosas que hacen nos gustan, a veces no. Lo que hacen es lo que es bueno o malo. ¡Tu niño jamás es una mala persona!

La independencia cobra importancia

Ahora que ya puede caminar y hablar más, se siente como una persona más independiente. Quiere controlarse de acuerdo con su propio razonamiento, pero le falta la madurez y el juicio para hacerlo. Aprender a controlarse a sí misma es esencial para el autocontrol. Es importante que respetes su necesidad de demostrar su independencia mientras que le ayudas a vivir dentro de los límites necesarios.

Probablemente yo le doy más libertad a Mandi que
Danielle. Cuando está afuera, siempre la observamos,
pero a la niña le va bastante bien en el patio.
Lo que me vuelve loco es cuando se va a la calle.
Aquí hay muy poco tránsito, pero ella sabe que tiene que
tomarse de manos con nosotros si está en la calle y eso
no le gusta. Por eso es que todas las tardes, si estamos
en el patio y no le estoy prestando mucha atención, se
sale y se para en la cuneta y me mira.

John, 21 – Mandi, 22 meses

La independencia a la hora del baño

Sonia empezó a decir "no" hace una semana.
Cuando empiezo a bañarla, especialmente en la mañana
cuando tengo que llevarla a la escuela, corre y dice "no,
no". Le encanta el baño así que no sé como bregar
con esto.
Por lo general, le doy alternativas. Si está haciendo
algo indebido, la alejo y juego con ella para que se le
olvide, o si no, salimos. Esto da mucho mejor resultado
que gritarle.

Estela, 18 – Sonia, 19 meses

Estela piensa bien cuando dice: "Por lo general, le doy
alternativas". ¿Aceptaría Sonia su baño con más placer si su
mamá la dejara escoger los juguetes para llevar consigo a la
tina o bañera? O tal vez reacciona como lo hace porque su
mamá está muy apurada en la mañana. Darle el baño a Sonia
la noche anterior podría resultar en menos presión tanto para
Estela como para Sonia.

Garabatear y pintar

A tu pequeña tal vez le dé curiosidad cuando te ve usar
plumas y lápices. Ya puede agarrar un lápiz y también quiere
imitar y garabatear. Si garabatea en un mal lugar, se vuelve un
problema de disciplina.

Un día la semana pasada, yo me estaba bañando. Dejé a Sonia aquí con todos sus juguetes y agarró los creyones y escribió por todas las paredes. Me reí, pero aún así, me enojé. La tomé y la llevé a que se quedara con sus juguetes.

Le dije: "No escribas en las paredes" y entonces pegué un pedazo de papel en la silla alta. Le dije que podía escribir allí pero en las paredes no.

Es muy chiquita para saber que no debe escribir en la pared. Siempre la ando metiendo en la silla alta y le doy papel y la dejo hacer garabatos. Estoy segura de que para ella era lo mismo escribir en la pared.

Estela

Los garabatos son el arte de los párvulos. ¿Pero garabatear en las paredes? ¿Cómo reaccionarías tú si tu pequeña practicara su arte en las paredes de la sala?

Seguramente que a nadie le gustan los garabatos en las paredes. A lo mejor ponemos un tablerito o muralito, o cualquier otra forma de exponer el arte infantil, pero de ninguna manera lo queremos en las paredes o los muebles.

El uso de creyones, pinturas y otros materiales artísticos es divertido para los niños y les sirve para expresar lo que sienten. Pero como eso ensucia, debes buscar un lugar apropiado para que los use.

Puede trabajar en una mesa cerca a ti cuando cocinas o limpias la cocina. Si estás estudiando, arregla un lugar junto a ti para que también pueda escribir.

En la etapa de párvulo, un buen lugar para que haga garabatos es la silla alta. Aunque sea un poquito mayor, todavía puede trabajar con creyones, pinturas y otros materiales de arte en un área determinada donde la limpieza no sea problemática.

La supervisión es clave. A nadie menor de tres años se le debe dejar sola con creyones o cualquier otro artículo de arte. Está demasiado interesada en el proceso de marcar para

pensar en problemas que su actividad pueda crear. Si tú estás
presente, te vas a dar cuenta enseguida cuando se encamina al
lugar indebido.

Tienes dos alternativas si la ves alejarse de su papel, creyón
en mano. O la puedes llevar a su papel para que coloree más o
le cambias el creyón por otro juguete.

Podrías decirle: "Si quieres escribir, tienes que escribir en el
papel. Si ya terminaste de escribir, papi va a tomar el creyón.
Aquí está tu pelota".

Necesitas tener cuidado al elegir los materiales que va a
usar. Ya que a los párvulos les gusta probarlo todo, todas las
plumas de felpa, pinturas, y hasta tiza o gis que compres debe
tener una etiqueta que diga "nontoxic," es decir, que no
envenena. Los creyones y las tizas deben ser lo suficientemente grandes para que no se atore con ellos.

Debe ella usar plumas, lápices, pinceles sólo cuando está
sentada. Si anda con algo punzante y se cae, se puede lesionar
con un pinchazo.

Para los 21/2 a 3 años va a estar lista para usar tijeras. Con
un par que tenga las puntas romas o sin filo no se va a
hacer daño.

Cuando puedas, usa materiales como pintura de dedos con
ella. Ambas disfrutarán la experiencia.

¿Qué tal el morder?

A veces dos pequeños juegan lado a lado y por lo general,
se ignoran. Otras veces pueden jugar juntos felices y contentos.

De repente, uno de los dos empieza a llorar y le puedes ver
marcas de dientes en el brazo. ¡Lo mordieron! ¿Qué debes
hacer?

Hay quienes dicen: "Muérdelo para que sepa cómo se siente
eso". Ése es muy mal consejo. No va a entender en absoluto
por qué tú, la madre o el padre en quien confía, de repente
lo mordió y le hizo daño. Morderlo sólo le demuestra que tú
también puedes morder.

Morder es más frecuente cuando se siente frustrada.

Nicole mordió unas cuantas semanas. Una vez la niñera le tomó el brazo e hizo que el otro bebé la mordiera. Yo me enfurecí. Lo que yo haría sería regañarla o alejarla, básicamente la misma disciplina que si hubiese golpeado a alguien. No creo en reciprocar la mordida.

Cara, 24 – Leroy, 8; Paul, 6; Nicole, 5

Un niño pequeño probablemente muerde por distintos motivos. Unas mordidas son por exploración. Explora a otros niños como exploraría los objetos: tocando, tirando del cabello, llevando cosas a la boca, mordiendo. No tiene la menor idea de que la mordedura duela porque él no sintió dolor alguno.

La dentición también puede hacer morder. El impulso de morder debe ser más fuerte cuando los dientes le están saliendo y tiene las encías adoloridas.

Una criatura que no se puede expresar bien con palabras puede descubrir que morder es una manera muy útil de expresar lo que quiere. La experiencia le ha enseñado que si quiere el juguete de su amiga, lo único que tiene que hacer es morderla. Ella dejará caer el juguete al instante y el juguete es suyo.

Por supuesto que tú no vas a permitir las mordidas. Dile firmemente que si muerde a Janie, a ella le va a doler y tú no quieres que él lo haga. La primera mordida podría ser la única, así que no te horrorices tanto. Asegúrate de que sabe que aún lo quieres mucho, sólo se trata de que no se acepta que muerda.

Si vuelve a morder, aléjalo del área de juego. Dile que no puede estar con otros niños si va a morder. Si tienes una criatura que muerde y muerde, asegúrate de darle mucha atención positiva en otros momentos. ¿Muerde cuando está cansado o tiene hambre? Le puedes ayudar a que descanse más. Tal vez necesita un refrigerio a media tarde.

A veces un niño muerde si una situación ha sido muy emocionante o estresada para manejarla. Tal vez necesita un lugar más tranquilo para jugar o unos amiguitos de juego que sean más sosegados.

A veces un niño con un hermano mayor que juega reciamente con él pareciera como que muerde con bastante frecuencia. Si tu niño muerde, a lo mejor necesitas limitar esta clase de juego.

"Me pega"

Problema
Ayer llevé a Shannon al médico y no había manera de que se quedara quieta en esa cosa para pesarla. Y empezó a pegarme. Tiene 21 meses.
"¿Qué puedes hacer cuando te pega?"
Depende. Si me pega sin motivo . . .

Calli, 17 – Shannon, 21 meses

Los pequeños expresan frustración de muchas maneras. Pegar puede ser una de ellas. Cuando te pega, tómale las manos delicadamente en las tuyas y mantenlas allí. Dile que a ti no te gusta pegar y que tú no quieres que ella lo haga. Dilo en tono serio que indique que lo dices de veras, pero no la amenaces.

Es importante reconocer su frustración y a la vez ayudarle a manejarla. ¿Existe alguna razón por la cual Shannon no quiere dejar que la pesen? Casi todos los profesionales de salud son muy considerados con los sentimientos de los niños, pero uno que otro no lo es.

Ciertos niños se atemorizan en el consultorio médico por todas las inmunizaciones que les tienen que poner. Hazle la visita lo más placentera posible.

Cuando un niño le pega a otro, tu reacción debe ser como cuando te pega a ti:

Ahora sí que me pone a prueba. Esta mañana, por ejemplo, le pegó a una niñita. Yo le dije: "No, Jayme, no es bueno pegar". Le volvió a pegar. Lo senté en una silla y le dije: "Jayme, no, eso no es bueno. A Lisa le dolió lo que tú hiciste" y se echó a llorar.

Kaylene

Kaylene se mantuvo calmada, no amenazó a Jayme y al mismo tiempo, no le permitió que siguiera pegándole a la otra. Él entendió mucho mejor de lo que hubiera entendido si su mamá le hubiera pegado "para que supiera cómo se sentía eso".

Te imitará

Manuel copia todo lo que hace Leesha. Leesha tiene una carterita con un lápiz de labio adentro. Se pinta los labios con el dedo. Ayer Manuel se hizo de la carterita y se untó lápiz labial en todo el dedo. Me alegro que lo pescamos antes de que llegara a las paredes. Se hubiera dado la gran vida.

Kambria

Tu niño va a imitarte a ti y va a imitar a otros con frecuencia. Tú eres su modelo. Si tiene un hermano o una hermana mayor, puede imitar las acciones de él o de ella. Aprende mucho por imitación.

Va a imitar tanto lo que tú quieres que haga como lo que no quieres que haga:

> *Arreglarme para ir a alguna parte es un problema.*
> *Estoy en el proceso de maquillarme y viene Elena y lo*
> *revuelve todo, entonces se quiere poner maquillaje en*
> *la cara ella también. Cuando lo hace, por lo general le*
> *doy el lápiz labial de color más bajo que tengo y la dejo*
> *jugar con él ahí frente a mí. Por fin le compré maqui-*
> *llaje de juguete. Ahora cuando me ve maquillándome,*
> *ella saca el suyo.*
>
> Marijane, 18 – Elena, 23 meses

Casi todas las destrezas de autoayuda se aprenden por imitación. La niña quiere aprender para parecerse más a los otros miembros de la familia. No hay nada malo en querer crecer y ser como mamá. Elena tiene suerte de tener a una mamá capaz de encontrar una manera de hacer frente al problema de manera tan positiva. A veces a uno le es difícil darse cuenta de que su propia criatura está imitándolo cuando hace cosas que a uno no le gustan:

> *Cassandra saca las cintas de la tablilla debajo de*
> *la TV. Le digo que se deje de eso y tira las cintas [al*
> *suelo]. Le pego y al fin me dice que lo siente.*
>
> Kris, 17 – Cassandra, 25 meses

Cuando tu niña se interesa en hacer cosas por sí misma, quiere hacer lo que le parece importante. Ella te ve usando las cintas y no se da cuenta de que no debe hacer la misma cosa. No tenía ella la menor intención de dañar las cintas. Por supuesto que no puedes permitir que destruya las cosas, pero eso no significa que sea mala. En vez de pegarle e insistir en que diga que lo siente, Kris debe hablar con Cassandra y explicarle que las cintas son frágiles. Le debe mostrar a Cassandra la manera apropiada de manipularlas cuando las toma en la mano.

Tal vez Kris podría guardar las cintas en un lugar más seguro durante unos meses. Recuerda nuestro lema – *Facilítale a tu párvulo la oportunidad de comportarse de manera aceptable.*

Telefonía para párvulos

Quiere toda mi atención cuando hablo por teléfono.

El teléfono le ayuda a aprender el uso del lenguaje.

Un día estaba hablando con mi mamá. Elena agarró el banquito, lo arrastró hasta el escritorio y se trepó al escritorio. Una y otra vez yo la bajaba y le movía el banquito y ello lo volvía a traer. Por fin, cuando yo trataba de ayudarla, se cayó y se dio un buen golpe con el escritorio. Uno le dice una y otra vez, pero no ella no escucha y por fin aprende.

Marijane

Muchos párvulos se incomodan y se quejan si la madre está al teléfono. Otros harán una enorme cantidad de travesuras. Para muchos niños es difícil que su mamá esté tan cerca y tan inaccesible.

La puede ver, la puede oír y posiblemente, hasta tocarla, pero alguien más acapara su atención. A un párvulo se le dificulta compartir la atención de su mamá. Al portarse mal,

sabe que la atención va a recaer sobre él otra vez. Prefiere
tener atención negativa que no tener atención en absoluto.

*Le encanta hablar por teléfono, y ése es otro proble-
ma. Cuando se lo permito, no me lo quiere devolver.
Por fin va a tener su propio teléfono de juguete y actuar
como que habla por él. Por lo general le permito contestar el teléfono. A veces me lo pasa y a veces no. Si es
una voz desconocida, me lo pasa enseguida. Si recono-
ce la voz, especialmente si es abuelita, habla todo
el día.*

Marijane

Si se le permite usar el teléfono a él también, a lo mejor va
a tener un poquito más de paciencia durante las llamadas de su
mamá, especialmente si la llamada es corta.

El uso del teléfono también sirve para el desarrollo del lenguaje. Por teléfono no puede usar gestos y tendrá que encontrar palabras para expresar sus pensamientos. Es bueno si una
persona interesada y cariñosa se toma el tiempo para hablarle
y escucharlo por teléfono.

*A Rashad le encanta el teléfono. Si estoy en otra
parte, lo llamo y hablo con él. Aun cuando se le dio
su propio teléfono de juguete, prefería el teléfono de
verdad.*

Willadean

Las "malas" palabras

¿Qué puede hacer una madre cuando su criatura dice una
"mala" palabra? A menudo, a edad temprana, una criatura no
tiene la menor idea del significado de la palabra. Está aprendiendo a hablar y, casi siempre, sus padres, su abuela y otros se
alegran y se emocionan con cada nueva palabra que emplea.

Pero si usa una palabra considerada "mala" por los que
la rodean, la reacción es diferente—y puede ser negativa. Al
principio los ve reírse y por eso le conviene decir la palabra

una y otra vez. Ahora no les gusta, pero todavía le prestan atención cuando la dice.

Si una criatura de esta edad usa palabras que no consideras apropiadas, por lo general la mejor estrategia es ignorarlo. Cuando esté un poquito más grande, puedes explicarle delicadamente: "Nosotros no usamos esa palabra. Por favor, no la digas ya más". Pero a una edad temprana, lo más probable es que la olvide si sus padres (y su abuela y los demás) ignoran la situación.

Claro que la verdadera solución es tener cuidado de que, por lo menos cuando ella está presente, ni tú ni nadie de la familia diga palabras que no quieren que repita. Dale un modelo que quieras que imite.

> *Estoy tratando de mantener a Jenae alejada de gente boquisucia o malhablada y peleona o pendenciera. A veces no podemos dejar de decir una mala palabra y una vez que la oyen, no se les olvida.*
>
> *A veces tratan de convertir en chiste una mala palabra y piensan que es gracioso.*
>
> *La repiten una y otra vez. Ignorarlo en esta etapa da resultado.*
>
> Clancy Jane

¡Aprecia a tu criatura!

A medida que tu niño se independiza más y más, tal vez te concierna más la disciplina. Sigue estableciendo sólo los límites absolutamente necesarios y haciéndolos cumplir firmemente. Sigue manteniendo el entorno del niño lo más seguro y abierto a la exploración como sea posible.

Si tratas a tu niño con respeto y le ofreces mucha atención positiva, puede ser que esta etapa de independencia temprana transcurra sin mayores dificultades. Seguirás disfrutando a tu hijo porque, gracias a todos tus esfuerzos, es probable que casi todo el tiempo se comporte bastante bien.

¡Aprécialo y diviértete con él!

Aprende por medio de enseñanza positiva, no con gritos y golpes.

6

Gritar y pegar no surte efecto

- **Gritarle le lastima**
- **La crianza no es fácil**
- **Tus sentimientos cuentan**
- **¿Hay que golpear, cachetear, o azotar?**
- **"Aquí no se golpea"**
- **Azotar no surte efecto**
- **El castigo interfiere con el aprendizaje**
- **Ayudar a tu pequeño a comportarse**
- **Establecer límites con respeto**

Si sólo recordáramos tratarlos como "gente chiquita", por ejemplo, tratarlos con cortesía. Gritarles en todo momento puede ser tan malo como maltratarlos físicamente.

Thelma, 20 – Melissa, 4; Janeen, 18 meses

Dalton tiene un poquito más de 2 años y medio y tiene una inquietud constante. La energía que tiene es tremenda, desde que se despierta a las 6 hasta que se acuesta a las 8:30 ó 9. Le encanta ser el centro de atención. A veces es adorable.

Dalton pasó por una etapa de NO. A todo contestaba "no" por larguísimo tiempo. Podía

tener hambre y si se le preguntaba si quería comer,
contestaba "no".

A mí de chica me azotaban y no me gustaba. Eso me
enseñó a tener miedo cada vez que veía una mano
levantada o cuando oía una voz alta porque, usual-
mente, cuando me azotaban alguien pegaba gritos.

Eso no me hacía comportarme y, sinceramente, me
parece que no le va a servir a Dalton. Hablarle parece
dar mejor resultado.

Claire, 17; Dalton – 33 meses

Gritarle le lastima

Yo no le grito. Sólo le agarro la manito y le digo
"no". No le grito porque conozco a una muchacha
gritona. El hijo de ella es menor que el mío y está
destruido. Él no entiende.

Grechelle, 16 – MacKenzie, 11 meses

Nadie debe disciplinar a un niño en condiciones de enfado,
enojo o rabia.

Una persona enojada emplea tácticas que nunca quisiera
que la criatura imitara. Una persona así dice groserías, grita,
pronuncia palabras soeces y profiere amenazas horribles.

La gente cree que el maltrato o abuso infantil es gol-
pear al niño. Pero no es sólo eso. También es gritarles.
Eso es lo que realmente hiere a un niño porque no sabe
qué es lo que dices, y lo vuelve a hacer, y le vuelven
a dar.

Uno grita y no lo entienden. Se frustran y tú te
frustras. Así los niños se meten en problemas cada
vez más.

Roseanna, 14 – Felipe, 2

Gritar es maltrato verbal. Para un niño es aterrador. Es
difícil para su autoestima. La autoestima baja es un repug-
nante impedimento no sólo para el buen comportamiento sino
también para el aprendizaje. Si considera que no es una buena

persona, no va a actuar como tal. Eso no es lo que tú quieres para tu hijo.

Nosotros somos los modelos para nuestros hijos. Si queremos que nuestros hijos respeten a otras personas, tenemos que respetarlos a ellos. Tenemos que demostrar el comportamiento que queremos que imiten.

La crianza no es fácil

Ser madre (o padre) de una criaturita activa, inventora, curiosa no es tarea fácil. A pesar de todas tus buenas intenciones, puede ser que en un momento dado le grites por algo que haya hecho.

Cuando lo haces, se va a atemorizar pero ojalá que pronto te controles. El asunto pasará en unos minutos y volverás a estar preparada para jugar y cantar con ella de nuevo. Por supuesto que es importante que el episodio no se vuelva a repetir muy a menudo.

> *Lo intento. Ahora he mejorado. Por un tiempito perdía la paciencia y le gritaba a Carlos que se callara.*
> *Yo soy de mal temperamento pero ahora puedo aguantar más que antes.*
>
> Renette, 16 – Carlos, 6 meses

Sólo tienes que recordar que la criatura no tiene la menor idea de por qué le has gritado así de repente. Ni por casualidad puede entender que agarrar la planta una vez más fue el colmo. Tú simplemente no pudiste aguantarlo más sin gritar.

Trata de explicarle lo que pasó. Dile que sientes mucho que le gritaste. Puedes admitir que estabas muy enojada y que en el día de hoy no tienes mucha paciencia.

> *Yo soy una persona de malas pulgas y no tengo mucha paciencia. Cuando estoy molesta con mi mamá o con Julio, parece como que me saco el clavo con los chiquillos.*
> *Me estoy dando cuenta de que los chiquillos no*

*tienen la culpa. He aprendido a hablar más porque a
Alina le gusta más que me siente y le hable y le diga
por qué esto es indebido. Cuando le grito, se cubre la
cara con los brazos—aunque no le haya dado nalgadas
fuertes. Le digo: "Alina, no hagas eso. Mami no te va
a pegar".*

*El otro día le dije a Julio que tenemos que dialogar
más sobre las niñas. A ellas no les gusta que les griten.
Les entra por un oído y les sale por el otro y eso es dañi-
no. Mientras más me siento y les hablo, mejor se portan.*

*Esta mañana Alina derramó su jugo. Me miró pen-
sando que le iba a gritar. Yo le dije que estaba bien, que
cuando acabara de comer, le iba a dar algo de beber.
Pero es duro sacar paciencia.*

Joanne, 23 – Francene, 41/2; Alina, 3; Gloria, 1

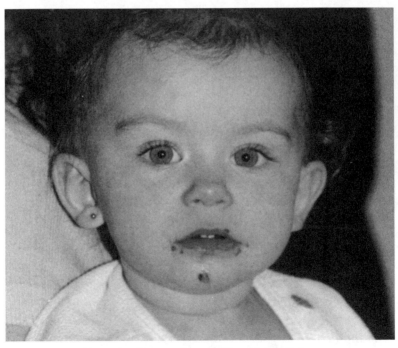

No entiende por qué mamá está irritada hoy.

Tus sentimientos cuentan

Me parece que los bebés y los niños de la edad de
Jenae sienten lo que sientes tú. A veces cuando estoy
triste o no me siento bien, ella está igual. No se ríe, no
me habla. Y cuando estoy muy contenta, ella está muy
contenta. Cuando estoy brava, ella también está brava.

Clancy Jane, 17 – Jenae, 23 meses

La forma en que te sientes hacia ti misma ejerce influencia
en la manera en que disciplinas a tu hijo. Si las cosas andan
bien hoy, lo más probable es que no te vas a sacar la frustración en tu hijo. Si derrama la leche en el piso cuando has
descansado y te sientes muy bien, ¿cómo reaccionas?

¿Qué tal si derrama la leche justo después de una llamada
de tu pareja para decirte que va a trabajar tarde y que no
pueden salir esta noche? ¿O te has enterado de que tu novio
se va de la ciudad o del pueblo? ¿Hay alguna diferencia en la
manera en que respondes al desaliño de tu párvulo? Si la hay,
eres normal.

Si me siento mal o tengo dolor de cabeza, Marty no
tiene la culpa de que para él las cosas son normales. Si
no tengo ganas de andar detrás de él, a veces me tomo
un baño. Lo baño a él conmigo o lo siento ahí al pie con
sus juguetes. Eso nos relaja a los dos.

Yumiko, 16 – Marty, 21 meses

Estar consciente de que esto sucede y no sentirse culpable
por ello está bien como punto de partida. A veces aún con un
párvulo, es mejor decirle que hoy estás alterada. Asegúrale que
él no tiene la culpa. Entonces dale un abrazo extra. Naturalmente que vas a tener mucho cuidado de no sacarte las malas
en tu niño.

A veces Meghan hace algo que me molesta mucho y
sé que tengo que alejarme de ella un ratito. Cuando mi
mamá está por ahí, me voy afuera un momentito. Siem-
pre hay un día en que tus nervios están de punta y tienes

que salir un rato. Pensaba que sólo me pasaba a mí,
pero no es así.
Una vez la empujé y se cayó y se lastimó la lengua.
Me sentí horriblemente mal. La besé y le dije: "Mami se
siente mal hoy". Pareció entender.
Louise, 19 – Meghan, 23 meses; Mark, 5 meses

Todas las madres (y los padres) se irritan con sus hijos, aun
con los bebés. Pero si se llega al punto de gritar y pegar a la
criatura por tus frustraciones, considera buscar ayuda. En el
capítulo 12 se dan varias sugerencias.

¿Hay que golpear, cachetear, o azotar?

Cuando estaba más chiquita, yo solía meterla en su
cuarto. Después, cuando estaba un poquito más grande,
si se trataba de algo malo, le daba tremendas nalgadas.
Entonces, no sé cómo pasó, un día se me ocurrió que yo
no debía hacer eso.
Por eso ahora cuento hasta 3 y ella se compone y ya
no le pego.
Un día estaba llorando y me dijo: "Mami me las-
timó". Yo nunca le pegué duro, sólo un manotazo en el
pañal, pero ya no podía hacer eso más.
Madge, 18 – Destiny 3

¿Se debe cachetear o azotar a los niños? Hay quienes dicen
que sí, pero más y más ahora dicen que no. Por lo general
dicen "no" porque han descubierto que pegar no funciona muy
bien. Golpear a una niña no la va a hacer más obediente. No
hay manera de forzarla a que coma o que orine en el inodoro,
por ejemplo.

Los azotes por lo general generan más azotes, y más
fuertes, para hacer que el niño responda. Los niños a quienes
se trata de esa manera son más propensos a meterse en peleas
y tener otras dificultades cuando más grandecitos. Los azotes
no son una manera satisfactoria de lograr conformidad.

> *Empiezas a azotarlos y van a aprender lo malo de la vida, el lado violento. Yo no lo azotaría porque a mí me azotaban y eso no era chiste. Y yo me portaba peor.*
>
> Debra, 16 – Nicholas, 4 semanas

"Aquí no se golpea"

Problema

Ayer, en el centro infantil, Victor se acercó a una niña de ocho meses. La tiró del cabello bien duro y le gruñó. Yo lo agarré y le pegué en la mano y le dije: "No, Victor, no".

La maestra me vio y me dijo muy severamente: "Aquí no se golpea".

Yo le contesté que el bebé es mío y que yo sólo le había tocado la mano y le había dicho "no". Eso me descompuso el día entero. Ella actuó como que yo lo estuviera matando y frente a todo el mundo.

Raylene, 18 – Victor, 2

La intención de la cuidadora de niños no es avergonzar a una madre o un padre. En un centro de desarrollo infantil, los reglamentos estatales no permiten que ningún adulto castigue a un niño físicamente. La persona que atiende tiene que detener hasta a las madres y los padres para que no azoten o abofeteen a los niños. Es parte de sus funciones.

Su trabajo es enseñar. Tratan de demostrar otras maneras de manejar a los niños, maneras que pueden ofrecer mejores probabilidades de éxito a largo plazo. Quieren ayudar a hacer tu tarea de madre o padre menos difícil y con menos frustración.

Los cuidadores profesionales que trabajan con grupos de niños nunca los azotan. Muy pocas veces tienen problemas. Saben que si tienen expectativas realistas para el comportamiento de acuerdo con la edad y el desarrollo de los niños, y si los tratan con respeto, habrá pocos problemas.

Los cuidadores tratan de ayudar a las madres y los padres

a aprender a tratar a sus hijos de la misma manera. La crianza basada en cariño y respeto es mucho más agradable tanto para los padres como para el niño.

Azotar no surte efecto

Me parece que hay quienes dan demasiadas nalgadas. Tengo muchas amigas, y cuando crecíamos, yo era bastante bien portada pero a muchas de mis amigas les daban correazos un día sí y un día no por lo que hacían. A mí me parece que por eso eran tan malucas. Me decían cuánto odiaban a su papá porque las golpeaba.

Yumiko

Piensa en los niños que conoces a quienes dan nalgadas. ¿Se portan bien? Yo, Jeanne, recuerdo a una mamá joven en nuestra clase de crianza que insistía en que a los niños hay que pegarles. "Yo tengo dos sobrinos", decía. "Son terribles y los papás *tienen* que darles nalgadas todo el tiempo".

"¿Sirven de algo las nalgadas?" le pregunté yo. "¿Se portan bien ahora?"

Ella reflexionó unos minutos y luego dijo: "Bueno, no... Me parece que no les ha servido para nada".

El castigo le dice a un niño lo que no debe hacer pero de una manera cortante y dolorosa. Aún no sabe qué es lo que debería haber hecho. Se le deja con resentimiento y encono y a lo mejor hasta no le puede importar. Es casi seguro que el mismo delito se va a cometer otra vez. La verdadera lección aprendida es no dejarse pescar.

Explorar y aprender es el trabajo de los niños. El trabajo de los padres es estimular, enseñar y hacer que la exploración sea segura. Dar zurras o tundas hace que la exploración sea un riesgo sin seguridad.

Dar nalgadas o cachetadas a un niño no es buena idea por muchas razones. El bebé o párvulo muy pocas veces entiende por qué tú, alguien en quien confía, lo golpea y lo hace llorar. Aunque tenga conciencia de que te ha disgustado, ahora sabe

que lastimar a la gente está bien, especialmente si tú eres más grande y más fuerte. Tiene que scr—mami o papi le pegó. ¡Está bien ser pendenciero!

No creo que dar nalgadas sea necesario. Sólo se les enseña que una persona grande puede golpear a una chiquita. Me parece que es más probable que los niños piensen que está bien dar golpes si a ellos se los han dado.

Zandra, 16 – Dakota, 11 meses

Un niño a quien se le han dado nalgadas o cachetadas probablemente va a ser un adolescente colérico que se mete en peleas y otras dificultades. Estos mismos sentimientos pueden llevarse por dentro hasta la vida adulta y causar más problemas.

Los padres deben demostrar el comportamiento que quieren que su criatura imite. Un niño que sabe por experiencia

Aprende a atemorizarse cuando sus padres le gritan o le dan nalgadas.

propia lo que es comprensión y respeto por parte de sus padres
probablemente tratará a los demás de la misma manera.

*Acabo de empezar a decirle "no" y esto agobia a
Jayme. No me gusta hacerlo, pero sé que necesita disciplina. Yo no creo en las zurras... En mi opinión, es una
forma de maltrato infantil, la verdad. Los niños pueden
hacer cosas malas, pero siguen siendo niños.*

*No estoy de acuerdo con pegarle ni a un niño de
cinco años. Las zurras sólo causan más problemas. A
mí nunca me pegaron y creo que estoy siguiendo los
pasos de mi mamá en lo que se trata de disciplina.*

Kaylene, 19 – Jayme, 16 meses

El castigo interfiere con el aprendizaje

Con el castigo se trata de controlar el comportamiento por
la fuerza, usando el dolor y la pérdida para que tenga eficacia.
Se puede interferir con el aprendizaje porque nadie aprende
bien nunca si está atemorizado o tiene miedo. A menudo, el
castigo también da a un niño la sensación de fracaso.

*Siempre eres más allegado al que no te golpea. Yo
hacía todo lo que mi papá decía porque él nunca me
pegaba. De todos modos, golpear no va a servir de nada
porque te golpean y sanseacabó. No tiene el menor
efecto.*

Wayne, 17 – Ricky, 6 meses

Un castigo severo deja huellas emocionales. Unos niños
buscan venganza, otros se sienten víctimas culpables y humi-
lladas, personas miedosas para hacer cualquier cosa por temor
al fracaso. No aprenden a pensar por sí mismas.

La obediencia ciega no es la meta de la disciplina. La
obediencia ciega hará que una niña sea una seguidora que hace
lo que otros le dicen sin formarse una opinión sobre si es lo
correcto o lo incorrecto.

Otra razón para no pegar como castigo es el peligro real de

perder el control. En los Estados Unidos, el maltrato físico infantil es una trágica realidad para muchas familias. Más de un millón de niños son víctimas de maltrato físico todos los años y como unos 2,000 mueren a causa de maltrato. Más sobre el tema en el capítulo 12.

Mi mamá dice que una vez yo estaba haciendo algo realmente terrible. Ella me pegó hasta el punto en que supo que tenía que parar. Se dio cuenta de que me podría hacer daño.

En ese momento tuvo conciencia de cómo puede una persona ser maltratadora de niños.

Tienes que hacerte parar. Si empiezas a dar golpecitos y no surte efecto, vas a dar golpes más fuertes. Si a un niño no se le golpea, va a dar mejores resultados.

Yumiko

Si una madre o un padre decide que azotar es un buen método de castigo, esa madre o ese padre está más predispuesto a pegar demasiado duro que una o uno que no está de acuerdo con los azotes en principio. Los padres a quienes azotaron o maltrataron mucho cuando niños están más predispuestos a maltratar a sus hijos.

Ayudar a tu pequeño a comportarse

Yo primero trato de conversar con Jamaica. No le doy muchas nalgadas ni golpes. Dar nalgadas no es apropiado y no me parece lo correcto. Si les pegas cada vez que se meten en algo... es solamente curiosa y no quiero pegarle.

Me parece que Jamaica entiende mis palabras mejor que las nalgadas. Una vez le di unos golpecitos en la mano y ella se dio vuelta y le dio golpecitos a su muñeca y le dijo "¡no!" Me di cuenta en el acto que hablarle surtiría mayor efecto.

Kyli, 17 – Jamaica, 22 meses

Tú puedes, y debes, limitar las restricciones necesarias para tu párvulo. Tú puedes, y debes, parar sus actividades cuando sea necesario, ya sea alejándolo del sitio o ayudándole a hacer lo que tiene que hacer. Es parte de tu tarea como madre o padre. Muchos padres optan por unas palmaditas suaves encima del pañal de vez en cuando. La criatura sobrevive bien, pero lo cierto es que las palmaditas no dieron el menor resultado. Una criatura a quien se azota probablemente obedezca menos a sus padres en el futuro.

Felipe hace una cosa mala, como irse a la refrigeradora todas las noches a media noche. A veces le pego. Llora unos cinco minutos y después regresa a la refrigeradora. Pero si le digo que se vuelva a acostar y que por la mañana le voy a dar Cheerios, se va tranquilito sin que haya que pegarle.

Roseanna

Si estás en una situación en que azotas mucho, ¿no será que a tu niño le falta tu atención de otra manera? ¿Cuánto tiempo pasas jugando con él y poniéndole toda la atención del mundo? ¿Con qué frecuencia lo elogias por su buen comportamiento? Es común que a los varoncitos se les preste esta atención positiva menos que a las niñas. Quiere a tu niño y confía en él, y dáselo a saber.

Yo no creo en pegar a no ser que hagan una cosa que puede ser de vida o muerte o que haga daño a alguien. En mi experiencia, quitarles un juguete favorito o mandarlos a su cuarto es más eficaz.
Lo más importante es estar al tanto para hacerles saber que están haciendo algo bueno. Es más agradable para ellos estar contentos que tristes. También debes confirmarles que ellos son parte de tu vida, no sólo chiquillos que residen en tu casa. Esas cosas realmente dan resultado.

Cara, 24 – Leroy, 8; Paul, 6; Nicole, 5

Establecer límites con respeto

La manera en que hago arreglos con Lorenzo es conversando con él acerca de lo que siente en determinada situación. Él sabe que nosotros somos los que mandamos.

Si no obedece, le pregunto por qué no me hace caso. Realmente nunca nos ha dado problemas. Nunca le pegamos—nunca me pareció bien hacerlo. A mí me pegaban y no me gustaba para nada y por seguro que no aprendí nada por eso. Yo sólo me enfurecía. Azotar no surte efecto. ¿Qué aprenden cuando los azotas? Sólo que los grandes hacen daño a los chiquitos.

A mí nunca me gustó la manera en que me criaron. Jamás me gustaría que mi hijo pasara por eso. Maltratar a tu hijo es lo peor que puedes hacer. ¿Por qué le pegarías a tu hijo? Te menospreciaría. Tú eres alguien a quien se supone que debe emular y le estás dando palo.

Lorenzo es un niño sensible y dócil, tal vez porque nunca ha sido maltratado ni se le ha golpeado.

Guadalupe, 20 – Lorenzo, 4

Puedes disciplinar a tu niño más eficazmente sin golpearlo ni gritarle. Sentar límites con respeto da mucho mejor resultado.

Como madre o padre tienes que reflexionar en todo momento. Tienes que estar un paso por delante de los niños. A lo mejor tienes que hacer cierto tiempo para detenerte y pensar en cómo se siente tu niño y por qué se comporta como se comporta.

Tomarse el tiempo para esta clase de reflexión es un buen comienzo para planear las estrategias de disciplina que funcionan sin gritar, azotar o golpear. Al hacerlo, *tanto tú como tu criatura pueden triunfar.*

Todavía le gusta jugar con mamá.

7

De los dos a los tres años – tu activo andarín

- "Yo solito lo hago"
- Ayudarle a ayudarse
- "¿Quién manda aquí?"
- El ayudante
- Dar el buen ejemplo
- Esas visitas al médico
- Aún no dispuesto a compartir
- Recuerda también tus necesidades

Leah se quita la ropa ella solita, pero no se la sabe poner. Usualmente la dejo elegir lo que se quiere poner. Le muestro dos conjuntos y ella decide cuál quiere. A veces, cuando no hago eso y sólo le saco uno, no lo quiere llevar y tengo que cambiárselo.

Tienes que decir: "¿Cuál quieres?" en vez de"¿Qué quieres?" He probado a darle tres opciones pero a veces eso la confunde, de modo que por lo general sólo le presento dos.

Tienes que hacer acomodos con los párvulos. Todo no puede ser como tú quieres. Yo tomo en cuenta lo que quiere Leah y

a veces nos encontramos a medio camino. Nosotros la
respetamos.

Lyra, 18 – Leah, 2 1/2

"Yo solito lo hago"

Sigo en espera de los "terribles dos años". Pero no
es tan mala la cosa como la pintan. Tratamos de hablar
con él. Preferimos hablarle que pegarle. ¿Por qué
golpear?

Cuando a mi hermano y a mí nos disciplinaban, mi
mamá y mi papá nos miraban fijamente, cara a cara,
y nos decían: "Mira lo que hiciste mal. No lo vuelvas
a hacer".

Dustin pone atención y es listo y si le hablas en tono
serio para que te ponga atención, él nos escucha.

Mark, 22 – Dustin, 2 1/2

Los niños pequeños se desarrollan y aprenden tan
rápidamente que vas a notar los cambios de tu criatura
continuamente. De los dos a los tres años, tu pequeña está
atareadísima aprendiendo palabras nuevas y tiene mayor
capacidad para hablar.

Por lo general, va a entender lo que le dices si usas palabras
sencillas y frases cortas. Pero muchas veces no va a entender el
significado de tus comentarios e instrucciones. Para ella, por lo
general, las palabras tienen significados y usos muy sencillos.
Es que apenas ha empezado a aprender lo que es el lenguaje.

A menudo cuando el comportamiento de una criatura parece
desafiante, simplemente es que no entiende cómo se espera que
ella se comporte. Tú puedes ayudarla si, antes de hablarle, te
agachas y estableces contacto visual con ella. Así tienes toda
su atención. Háblale muy despacio y usa palabras que tú sabes
que ella entiende.

Como a los dos años, un niño tiene la capacidad de hacer
muchas cosas por sí mismo. Es importante que empiece a
aprender cómo bregar con algunas de sus propias necesidades.
El desarrollo de destrezas autónomas no siempre es fácil para

los padres.

Ahora puede comer sin ayuda. Hará el intento de lavarse las manos y la cara y cepillarse el cabello. A lo mejor hasta querrá cepillarse los dientes.

Felicia está en la etapa en que quiere quitarse la ropa ella sola. Se quita los zapatos y la camisa. No duerme con piyama. Duerme con los calzones o un pañal y una camiseta. ¿Qué puedo hacer yo al respecto?

Antoinette, 19 – Felicia, 2 1/2

Si puedes seguirle la corriente con esto de la ropa, hazlo. Una camiseta y un pañal abrigaditos son, probablemente, tan adecuados como piyamas. Es bueno que un párvulo tenga algo de control. A esta edad temprana, tiene que conformarse muy a menudo a las órdenes de los demás.

Ayudarle a ayudarse

Se siente orgullosa de sus nuevas destrezas, pero es despaciosa, desatinada y se frustra con muy poca cosa. Puede ser que no acepte tu ayuda un minuto y luego ponerse a llorar porque no le ayudas. Está aprendiendo mucho, pero tienes que ayudarle de manera sutil para que ella pueda disfrutar del éxito.

Ayudarle a hacer estas tareas te va a tomar mucho tiempo, más que si tú misma las hicieras. Sin embargo, tu paciente ayuda y guía le permitirá sentirse competente y capaz de desarrollar muchas otras destrezas. Ésta es una parte importante de tu tarea de enseñanza.

Elena muestra su independencia con su deseo de estar sola ocasionalmente. Su papá comentó:

Elena es muy independiente. A veces eso me asusta. A esta edad, me pregunto cómo va a ser cuando sea adolescente.

Cuando empezó con esto, me llamó la atención. Me sentaba y pensaba: "¡Ay, Dios mío!" Me iba al cuarto

de ella y ella me tomaba de la mano y me sacaba del
cuarto y después cerraba la puerta.

O si no, se enojaba con nosotros y se metía en el
cuarto y cerraba la puerta porque quería estar sola. Me
parece que está bien. Su cuarto es un lugar seguro y yo
puedo entender el deseo de estar sola. A veces yo mismo
me siento así.

Raul, 19 – Elena, 23 meses

"¿Quién manda aquí?"

Problema

Es una verdadera amenaza. Se mete en todo. Ahora
tenemos una lucha por quién manda aquí. Ella trata de
que sea ella en vez de mamá. Se mete en todo. Ser madre
soltera es verdaderamente difícil.

Cathi, 18 – Susie, 34 meses

Cathi tiene que establecer límites y mantenerlos al pie de la
letra, pero a Susie se le debe permitir estar a cargo de ciertos
aspectos de su propia vida. A esta edad temprana, tendrá que
conformarse con muchas reglas que realmente no entiende.
Está bien permitirle que se encargue cuando es algo sin
importancia.

Si Cathi le permite a Susie cierta libertad, Susie probablemente se va a portar mejor. Al mismo tiempo, a los 34 meses,
aún necesita muchísima atención de su madre. A veces una
madre, especialmente si es soltera, está tan ocupada que se le
dificulta hacer tiempo para únicamente estar con su niño o sus
niños. Tener más atención exclusiva de su mamá podría servir
para que Susie sea menos "amenaza".

El ayudante

A los niños pequeños les encanta imitar. Tu hijo ha pasado
muchas horas observándote. Muchas de tus tareas domésti-
cas le pueden parecer interesantes. A lo mejor ahora te quiere
ayudar.

Le gusta hacer cosas que dan resultados que él puede ver y entender. Tal vez te quiera ayudar a desempolvar. Si tienes una escoba corta, te ayudará a barrer. Quizás te quiera ayudar a poner la mesa o quitar los platos al terminar la comida. Si usas platos plásticos irrompibles, que son más livianos para que él los lleve, su "tarea" se desenvolverá mejor.

Es despacioso y poco diestro cuando ayuda, pero él quiere ser servicial. Esas tareas son importantes para él. Por imitación, trata de obtener una idea de cómo es ser adulto.

La situación puede ser totalmente diferente si se trata de una tarea que tú quieres que haga él. A veces va a ser un encanto y cooperar, pero otras veces puede ser exasperante y difícil.

Trabajar con él es generalmente mucho más eficaz que darle órdenes. Si quieres que recoja todos sus juguetes, no le mandes: "Recoge todos tus juguetes en el acto". Lo que debes hacer es convertirlo en juego. Puedes sugerir que ponga los juguetes en su carretita.

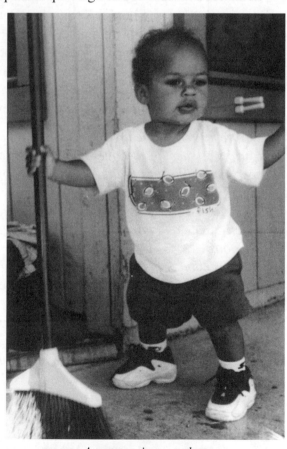

A veces quiere ayudar.

Dile que le vas a ayudar a acarrearlos hasta las tablillas de los juguetes.

Sin duda que podrás pensar en muchas otras maneras de que quiera hacer lo que tú quieras que haga. Esto es mucho más importante que decidir que tú tienes que probarle que él "tiene" que obedecerte. Una lucha por el mando sólo dará como resultado frustración y casi nada más.

Dar el buen ejemplo

Dar el buen ejemplo es sumamente importante. Si quieres que tu niño recoja sus juguetes, tú no puedes dejar las cosas regadas por todos lados. Si todos los que lo rodean son bastante ordenados, es probable que tu niño también lo sea.

Cuando yo (Jeanne) visité a Annabel, sus pequeños de 5 y 7 años estaban jugando con un rompecabezas en el suelo mientras nosotras conversábamos. Un rato después, ambos recogieron todo sin que nadie se lo pidiera. Annabel explicó:

Aprendí cuando le tuve que enseñar a mi esposo. Él se crió sin tener que recoger nada y a mí no me gustaba eso. Si los niños terminan un juego, lo recogen antes de empezar a jugar el siguiente.

Hasta el de dos años, si saca un rompecabezas de madera, tiene que ponerlo en su lugar antes de sacar otro.

Aprenden con el ejemplo. Si yo uso algo, lo limpio y lo guardo apenas termino. Si jugamos algo, ponemos el juego en su sitio cuando terminamos.

Soy de la opinión que tienes que empezar cuando están pequeños. Una vez que comienzan a jugar con cosas que tienen piezas, es hora de empezar a limpiar lo que tienen.

Hay momentos en que no pueden jugar ningún juego. Si lo juegan hoy y no lo guardan, no pueden jugar ese mismo juego en toda la semana.

Annabel, 27 – Andrew, 10; Anthony – 7; Bianca, 5; James – 2

Esas visitas al médico

Cuando vamos al consultorio médico, a veces Dono-
van se porta mal. Allí la puerta es muy fácil de abrir y
da directamene a la calle.

A veces la abre y se sale cuando yo estoy hablando
con la enfermera. Lo hace repetidamente, así que lo que
hago es sujetarlo de la mano.

Le llevo algo de comer, pero esto no funciona si no
tiene hambre. Y a veces le doy su refrigerio otra vez y
me lo devuelve con un "no, no lo quiero" porque lo que
quiere es comérselo afuera.

Shoshana, 17 – Donovan, 2

Si se sale a la calle, tienes que pararlo. Si vas a hablar con
la enfermera, tienes que sujetarlo. Estás atascada.

Cuando no estás hablando con la enfermera, le puedes leer
un libro llevado de casa. Si no, lleva un juego tranquilo que
puedan jugar los dos, o tal vez un rompecabezas que puedan
armar juntos.

También puedes llevar papel en una tablilla sujetapapeles y
creyones para que garabatee a su gusto.

Pero si tienes que hablar con alguien más, probablemente
tendrás que sujetarlo. Las visitas al médico presentan un reto
especial a los padres.

Aún no dispuesto a compartir

Tenemos un problema en la guardería. Larissa
no está acostumbrada a estar con otros niños así que
compartir le es muy difícil. Si alguien tiene algo que ella
quiere, se tira de los cabellos o se rasguña. Es difícil
enseñarle a que no lo haga.

Lelia, 18 – Larissa, 2 1/2

Larissa, a los 2 1/2 años, todavía no tiene la capacidad de
usar palabras para obtener lo que quiere. Necesita ayuda de un
adulto para entender que su amiguito está usando el juguete
ahora y que ella realmente tiene que esperar hasta que él

A veces el hermanito mayor tiene ganas de jugar con ella.

termine.

Mientras espera, le deben dar otro juguete interesante para que lo examine.

Los niños pequeños aún no están dispuestos a compartir los juguetes. Están muy atareados aprendiendo lo que es "mío" para entender eso de compartir.

> *Robin es mezquina. Puede tener todos sus juguetes al frente sin jugar con ellos. Pero si alguien llega, le sale el genio y no comparte absolutamente nada.*
>
> *Tengo un sobrino de 2 años y medio. Robin lo golpea, le tira del cabello, lo muerde y le quita los juguetes. Él entonces le hace exactamente lo mismo a ella. O si no, el niño se queja: "Robin me golpeó".*
>
> Melinda, 16 – Robin, 19 meses

Ocasionalmente, una criatura le ofrece un juguete a otro niño, pero muy pronto va a querer que se lo devuelva. Si no se lo devuelve, o lo agarra enseguida o llora por rabia y frustración. Robin, su primo, y Larissa se comportan normalmente para su edad. Tiene que haber un adulto cerca para que con paciencia les ayude a interactuar más constructivamente. Así es como pueden empezar a aprender las buenas maneras, a ser sociables.

Recuerda también tus necesidades

Es importante que le prestes muchísima atención a tu pequeño, que establezcas sólo los límites absolutamente necesarios y que seas consistente al aplicarlos.

Mientras tratas de tener una actitud lo más positiva posible con él, ¿qué haces por y para ti misma? También es importante que satisfagas algunas de tus propias necesidades.

¿Pasas algo de tiempo alejada de tu niño? ¿Puedes sacar tiempo para divertirte sin él al menos de vez en cuando? Los padres que se sienten satisfechos con sus propias vidas por lo general son más positivos con sus hijos.

¡Tú y tu hijo son importantes por igual!

Él no goza de su rabieta más que tú.

8

Cómo enfrentar las rabietas o pataletas del niño

- ¿Por qué tiene rabietas o pataletas?

- ¿Qué puedes hacer?

- Ayúdale a entender lo que siente

- Hacer tiempo para el niño

- La disciplina en el supermercado

- Permítele que ayude

Ah, sí, a Jeremy le dan rabietas. No tan terribles, pero a veces está en el piso gritando a todo pulmón y pateando. Le digo: "Basta y escúchame", pero no me escucha. Lo dejo ahí hasta que él solito se me acerca. Lo hace para salirse con las suyas cuando le digo: "No, no puedes".

Ernesta, 20 – Jeremy, 3;
Osvaldo, Jr., 5 meses

Cuando Shelly se enoja de veras, contiene la respiración y a mí me da miedo que un día de tantos se vaya a demayar.

Empezó con eso a los diez meses. Se pone morada. Yo le soplo en la cara y vuelve a respirar.

A veces la regaño. Después la acaricio porque sé que está bien agitada.

Dixie, 18 – Shelly, 17 meses

¿Por qué tiene rabietas o pataletas?

La mayor parte de las veces, tus técnicas disciplinarias van a funcionar muy bien con un párvulo. Pero tarde o temprano, puede ocurrir una rabieta o pataleta. Ciertos párvulos tienen más rabietas que otros.

Las rabietas ocurren a causa de la frustración. En esta etapa, tu niño va a tener muchísimos sentimientos negativos. Quiere desesperadamente hacerlo todo por sí solo. Pero cuando trata de vestirse, es una lucha. O trata de insertar una lata grande en una chica y no funciona. Aun así, no quiere tu ayuda.

Estos sucesos junto con otros suman muchísima frustración, pero él no puede expresarlo. Todavía no sabe muchas palabras y entonces grita. Sus gritos se pueden convertir en una verdadera rabieta descontrolada.

La pataleta es una expresión de su enojo y frustración e inabilidad para enfrentar todo eso. Sus sentimientos son sinceros y fuertes. Está enfurecido y absolutamente pésimo. Ha perdido el control de su comportamiento y puede que se le dificulte mucho la situación.

La pérdida de control –en forma de pataletas frecuentes- puede resultarle muy aterrador. Quiere desesperadamente hacer las cosas a su modo. Al mismo tiempo, necesita tu firme guía.

¿Qué puedes hacer?

¿Qué debes hacer? En primer lugar, ¿qué no debes hacer? De ninguna manera azotes ni castigues a un niño ya agitado. Si lo que tiene es una rabieta "de verdad", ya ha perdido el control de sus propias acciones. Si "sólo" grita, darle golpes no va a servir de nada y, con toda seguridad, no va a dejar de gritar.

Tampoco te puedes dejar vencer. Si grita porque le dijiste

que no le podías dar un caramelo, no pares los gritos dándole el caramelo. Si lo haces esta vez, ¿qué pasará la próxima vez que quiere caramelos? Tienes entre manos otra gritería.

La manera en que respondes a sus rabietas ahora va a afectar sus acciones en el futuro. Si se da cuenta de que con una pataleta va a conseguir lo que quiere, va a actuar de acuerdo con lo aprendido y emplear una rabieta como técnica para obtener lo que se le antoja.

Por otra lado, si su madre y/o su padre le grita(n), o le pega(n), para "darle un verdadero motivo para llorar", sus frustraciones seguirán aumentando.

Va a aprender que sus padres no son las personas a quienes tiene que acercarse cuando necesita ayuda. Probablemente no va a ser el individuo que a ti te gustaría que fuera: con confianza en sí mismo, que pueda resolver problemas, que pueda enfrentar las cosas.

En cambio, necesita aprender otras maneras de manejar su vida. Tú le puedes ayudar si te mantienes calmada y cariñosa cuando le da una pataleta. Noelle-Marie responde de manera óptima cuando Celeste está agitada:

> *Cuando a Celeste le da una rabieta, yo le digo: "Ven acá, para acariciarte y quererte". Eso sirve para calmarla.*
>
> Noelle-Marie, 19 – Celeste, 21/2; Carrie, 9 meses

Cuando a tu niño le dé una pataleta, una buena manera, de ser posible, es acunarlo delicadamente. Sentir la seguridad de tus brazos puede tener un efecto calmante.

Después de todo, es un niño muy agitado y necesita saber que tú lo quieres de todos modos – aunque no cedas a sus exigencias.

Ayúdale a entender lo que siente

Le puedes ayudar si, en primer lugar, reconoces cómo se siente y luego le ayudas a expresarlo verbalmente. Dile

que lamentas que esté tan agitada y enojada. Luego trata de
ayudarle a calmarse.

Eso no significa que tienes que ceder a sus exigencias.
Puede significar que hay que llevarlo bien en brazos pero
con delicadeza. O tal vez puedes encontrar otras maneras de
ayudarle a recuperar su control propio, por ejemplo, descansar
en un lugar tranquilo. Su rabieta no es más agradable para él
que para ti.

Cuando se haya calmado, háblale de sus sentimientos.
¿Habrá otras maneras de que él encare la situación? Con tu
ayuda aprenderá a reconocer, controlar y manejar su cólera de
una manera más positiva.

No te será posible prevenir todas las explosiones. Pero tal
vez sí puedes eliminar algunos de los motivos que le provocan
las pataletas.

> *A Genny le dan rabietas por las llaves. Tiene mis*
> *llaves, le digo que tengo que salir y se las quito.*
> *Entonces se echa al suelo y empieza a gritar. Creo que*
> *le voy a comprar un llavero con llaves falsas que se*
> *parezca a mi llavero de Bart Simpson.*
>
> Miguel, 18 – Genny, 18 meses

Miguel muy sensatamente descubrió la manera de eliminar
la causa de las rabietas de Ginny.

Barbara Hellstrom, una de los ilustradores de *Tu embarazo
y el nacimiento del bebé*, nos ofreció tomar una foto de su
hijita de 18 meses, Sara, en medio de una rabieta. Sara cooperó
varias veces – hasta que Barbara se presentaba con su cámara.
En ese momento, Sara decidía que era hora de dejar de rabiar.
Tal vez hemos descubierto una gran verdad – que apuntar una
cámara a un niño es una manera eficaz de terminar con
una pataleta.

En realidad, la cámara probablemente distrajo a Sara de
lo que estaba pensando en cuanto a la causa de su rabieta. La
atención positiva de su mamá le servía a Sara para recobrar su
propio control.

A veces es duro ser niño.

Hacer tiempo para el niño

Arreglar tu horario de modo que te quede tiempo extra para atender a tu pequeño es un paso eficaz hacia la buena disciplina. Ciertos párvulos tienden a tener rabietas cuando no se les presta la atención que quieren.

> *A Vanessa le dan tremendas pataletas. Cuando está sola no, pero cuando hay visitas, o cuando está en casa de papá o de abuela, entonces sí. Odia que nadie le preste atención. Te molesta y te molesta por eso.*
>
> Rene, 18 – Vanessa, 19 meses; Shavone, 1 mes

Las rabietas pueden ocurrir en los peores momentos, cuando estás sumamente ocupada y no tienes tiempo para entendértelas con ellas. A lo mejor le da una rabieta cuando estás alistándote para ir a la escuela a tiempo o cuando tienes que preparar la comida para la familia.

¿Podría ser que es porque andas de apuro y no responds a las necesidades de tu pequeño? A veces unos diez minutos extra permitirán que tanto tú como el pequeño hagan lo que tienen que hacer sin sentirse frenéticos.

Problema

Shelly a veces me vuelve loca. Cuando estoy apurada para hacer algo, tengo que alistarla de prisa. A veces se pone a llorar y entonces yo me enojo bastante.

Dixie

Si es hora de alistarte para ir a la escuela y tu niña "rehusa" que la vistas, no tienes que pegarle ni gritarle. Lo que debes hacer es distraerla con un juguete o un libro de láminas para ver mientras tú te vistes.

Si eso no da resultado, puedes decirle: "Siento mucho que estés irritada, pero tengo que vestirte para que podamos ir a la escuela". Cuando ya te hayas vestido, si ella sigue gritando y saltando de un lado a otro, dile: "Es lástima que te sientas tan colérica, pero tienes que vestirte ahora mismo". Agárrala fuertemente, pero con delicadeza, y vístela. Si puedes mantenerte calmada, cariñosa y atenta, probablemente se va a vestir más pronto que si le pegas o le gritas. Así sólo se prolongará la rabieta.

Asegúrate de que sabe que la quieres y la respetas aunque no te guste lo que está haciendo en un momento dado. Que los ataques no sean nunca a su persona. Ataca sus acciones, no a ella. Por ejemplo, dile: "Estás dificultando mucho que yo me arregle para ir a la escuela. De veras que me estoy frustrando".

La disciplina en el supermercado

Si estamos en la tienda y Elena quiere salir de la canasta, le da una pataleta. No podemos hacer nada al respecto, así que yo normalmente la tomo en brazos y camino con ella. Si Marijane va a la tienda, por lo

general me deja a Elena. Así es mucho más fácil. Si va-
mos los dos, tratamos de trabajar en conjunto con ella.

Raul, 19 – Elena, 23 meses

El supermercado es uno de los sitios más difíciles para
andar con niños. Tú vas de compras, pero la criatura puede
sentirse sumergida en la maravillosa vista de objetos para
explorar. Desafortunadamente, el mercado no es un lugar a
prueba de niños. En cambio, está lleno de colores llamativos
que la atraen precisamente a todas las cosas que no debe tocar.

Cuando llevamos a Dalton a la tienda de comes-
tibles, casi siempre le llevamos juguetes pequeños—y él
sabe que le van a dar una galleta si no se porta mal. Si
se porta mal, se va para el auto con su papá y no puede
montar el caballito.

Claire, 17 – Dalton, 33 meses

Practicar buenas destrezas disciplinarias frente a otras personas no es fácil.

Cuando Olivia ve un juguete en la tienda, dice: "Yo
quiero eso, yo quiero eso".
Le digo: "No, Olivia, no nos alcanza el dinero.
Tenemos que comprar comida".
Arquea la espalda y trata de alejarse de mí. No se
quiere sentar en el asientito. Eventualmente, la distraigo
con otra cosa.

Jacquie, 23 – Gabriella, 7; Olivia, 4

¿Ha tenido tu hijo alguna vez una rabieta en el supermercado? ¿La enfrentaste lo mismo que si fuera en la casa? ¿O
pensaste que "tenías" que castigarlo por el qué dirán si no lo
hacías? Siempre existe la tentación de cambiar las reglas
cuando alguien observa. Todos queremos que nos consideren
"buenos" padres. Aunque sepamos que no sirve de nada regañar o pegar a un niño en medio de una pataleta, pudiéramos
pensar que los que nos observan creen que debemos hacerlo. O
si no, hasta pudiéramos hacer lo opuesto—darle la galleta, o lo

que sea que dio motivo a la rabieta. Cualquier cosa para acabar con esa gritería vergonzosa.

Trata la rabieta en el supermercado exactamente igual a como la tratas en casa. Mantente calmada y razonable, pero no accedas a sus exigencias.

A Paul le daban las pataletas más grandes. Se tiraba al suelo y actuaba como si yo le estuviera pegando en la tienda. Yo intentaba levantarlo y se me salía de los brazos. Yo le decía: "Tu lloriqueo no va a servir de nada y vas a tardar mucho más en obtener lo que quieres".

Cara, 24 – Leroy, 8; Paul, 6; Nicole, 5

Cuando estás en el supermercado, mantén a tu pequeño a tu lado o en el asientito de la carretilla. Si se va corriendo por el pasillo, no esperes que regrese a ti cuando lo llamas. Todavía no está capacitado para cumplir órdenes a distancia. Lo que debes hacer es ir por él. Tómalo de la mano o tómalo en

A veces tendrás que llevarlo en brazos mientras estás en la tienda.

brazos con delicadeza. Dile que se tiene que sentar en el asientito de la carretilla para que no se pierda o se lastime.

Permítele que ayude

Cuando está en la carretilla es más fácil hablarle. Háblale de las cosas que compras y cómo las vas a usar. Tal vez puede llevar la lata de tomates o ayudarte a echar zanahorias en la bolsa. Para el niño va a ser más facil ir de compras si considera que te está ayudando y no sólo en espera de que tú termines la tarea. Su participación también puede ser buen aprendizaje.

Heather se me escapaba y se me escondía. A ella le parecía gracioso. A mí no.

Después de unas cuantas veces de esto, le hablé antes de ir. Le dije que si lo volvía a hacer, no podía ir conmigo la próxima vez. Dio resultado.

Eve, 19 – Heather, 2

Ciertos niños pasan por etapas de extrema dificultad de comportamiento en una tienda. Si el ir de compras se ha convertido en una experiencia de gran frustración para ambos, trata de no llevarlo si te es posible. Si no tienes otra opción más que llevarlo contigo, trata de que las salidas sean cortas y poco frecuentes. Trata de no ir cuando esté cansado.

La disciplina en el supermercado puede ser más difícil que en casa. Si puedes ser consistente con él, aun en medio de un supermercado lleno de gente, has aprendido una maravillosa lección en la práctica de la buena disciplina.

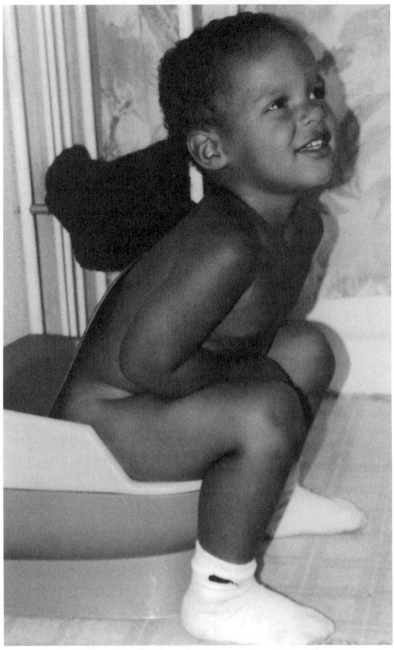

Usar el inodoro puede ser emocionante y útil.

9

No hay que acelerar ni forzar el uso del inodoro

- La palabra entrenamiento
- Respeto a los sentimientos del niño
- Señales de apresto
- Hacerlo lo más fácil posible
- ¿Accidentes? Se vuelve a intentar más tarde
- El castigo no sirve de nada
- Los elogios deben abundar
- Permítele observar
- "Los padres se agitan demasiado"
- Tú también tienes que estar "lista" o "listo"

Todos mis hijos han sido diferentes para ir al baño. Steve lo hizo después de los tres años. Solía decir: "No quiero". Entonces un día decidió usar el inodoro y de ahí en adelante no he tenido ningún problema.

Elaine tenía 18 meses. En ese tiempo yo estaba trabajando y la niñera estaba capacitando a sus gemelos, que tenían un año más que Elaine. Me pidió permiso para intentarlo con Elaine y dio resultado.

Mike fue muy reacio. Se quitaba la ropa interior y buscaba otro pañal. A veces sí y a veces no. Parábamos por un mes

*y luego volvíamos al asunto. Un día estuvo listo. Creo
que tenía por lo menos 3 años.*

*Yo nunca les hice fuerza a mis hijos para que usa-
ran el inodoro. Siempre imaginé que cuando estuviesen
listos, lo harían.*

Angelina, 28 – Steve, 13; Elaine, 10; Mike, 8; Patrick, 2

La palabra entrenamiento

"Entrenamiento para usar el inodoro" es una expresión rara.
La palabra "entrenamiento" por lo general la usamos cuando
enseñamos a perros y caballos. "Enseñanza" parece más
apropiado para los niños.

Hay quienes piensan que enseñar a usar el inodoro se trata
simplemente de guiar al niño a que se siente en el inodoro
y decirle que obre. El éxito será natural e inmediato.
Desafortunadamente, las cosas no son así.

En primer lugar, enseñar a usar el inodoro casi nunca se
debe ni considerar para un niño menor de dos años. La
mayoría de los pequeños no están en capacidad de usar el
inodoro sino hasta después de haber cumplido los dos años.
Algunos pueden estarlo bastante más adelante.

En realidad, el aprendizaje exitoso depende mucho más del
desarrollo que de la guía. El niño no podrá orinar ni defecar
bien en una bacinilla o el inodoro hasta que pueda reconocer
sus necesidad de hacerlo y haya desarrollado cierto control
sobre los músculos que sueltan los orines y las heces.

La verdad es que enseñarle a sentarse en su bacinilla antes
de tiempo es una insensatez, una pérdida de tiempo tanto para
él como para ti.

*Entrenar a Antoine para usar el inodoro fue de lo
más difícil para mí. El sólo lograr que dijera que tenía
que usar el baño fue difícil porque nunca decía que
tenía ganas.*

*Ya tenía dos años cuando empezamos. En esa época
me decía "no" para y por todo. Hablaba ya, de modo*

que yo me imaginé que si podía decir tantas otras cosas,
también me podía decir cuando tenía ganas.
Durante todo un año tuve que llevar ropa extra a
todas partes adonde íbamos. Para su tercer
cumpleaños, ya no había problema.

Elysha, 21 – Antoine, 4

La vida hubiera sido mucho más fácil y con menos frustración para madre e hijo si Elysha no se hubiera empeñado en enseñar el uso del inodoro durante ese año de dificultades. Si empiezas a enseñarle cuando ya el niño dice "no", probablemente no vas a tener éxito en la empresa.

Es posible que Antoine hubiera usado bien el inodoro para los tres años, si su mamá hubiera esperado casi hasta entonces para empezar a sugerirle que lo hiciera. Él, como muchos otros niños, aparentemente no estaba listo a los dos años.

Respeto a los sentimientos del niño

Las intentonas tempranas de enseñar al niño a usar el inodoro tienen que parecerle cosa rara. Imagina que eres párvulo. Tu mamá o tu papá te ponen pañales durante meses. Te los cambiar cuando los mojas o los ensucias. Entonces un día te ponen otra clase de pantaleta y, de súbito, hay un "accidente" si mojas o ensucias esas pantaleta. Confuso.

Te ahorrarás frustración y se la ahorrarás a tu niño si le cambias los pañales con toda tranquilidad hasta que él decida que es hora de usar el inodoro.

Si puedes comprar pañales desechables, o si puedes
usar una lavadora para los de tela, ¿cuál es el problema
para la mamá si su hijo no usa el inodoro? No es como
que estuvieras dándole a una tabla o rayo de lavar todo
el día.

Jarrod tenía 3 años cuando aprendió y tuvo tal vez
unos tres accidentes. El verano de los 2 años se sentaba
en su bacinilla siempre y cuando que no tuviera puesto
el pañal, pero si tenía algo puesto, no. Si tenía cualquier

*pieza de ropa, aún sus pantaletas de entrenamiento, no
podía obrar.*

*Le compramos una bacinillita. También le
compramos una de esas tapas que se ponen en el
inodoro, pero ésa no le gustaba porque se tambaleaba.*

*Hasta que no tuvo el tamaño para pararse frente al
inodoro y hacerlo por sí mismo, no lo hizo. Pero cuando
lo logró, dos o tres días después, dejó de llevar pañales
por completo. Ni siquiera los necesitó nunca más por
la noche.*

*Tengo una amiga que ha hecho del uso de pantaletas
de niña grande una cosa tan extraordinaria que ponerle
los pañales a la hija por la noche es toda una tortura. A
mí no me parece bien eso. Estamos hablando de
capacidad física, una función que no puedes controlar
por un tiempo.*

Jennifer, 23 – Jarrod, 5; Jason, 2; Robin, 11 meses

Señales de apresto

*Enseñar a Adam a usar el inodoro fue fácil. Práctica-
mente, se enseñó solito. Nos seguía al baño y le gustaba
sentarse en el inodoro. Nos veía usar el baño y quería
ser como nosotros, pero no estaba totalmente listo.*

*Empecé a comprarle ropa interior y le gustó. A poco
se paraba y orinaba bien casi siempre. Cuando tenía un
accidente, le decíamos: "Está bien, es un accidente".*

Leona, 18 – Adam, 4; Cami, 1

Podrías considerar que es hora de empezar a enseñar el uso
del inodoro si el pañal de tu niño se mantiene seco por largos
períodos. O a lo mejor parece interesado en el inodoro o la
bacinilla y quiere sentarse allí y usar uno u otra. O si no, puede
ser que te diga que tiene el pañal mojado y quiere que se
lo cambies.

Recuerda que antes de que esté listo para aprender a
usar el inodoro, tiene que estar en capacidad de reconocer la

sensación de una vejiga llena. También tiene que poder soltar los orines o retenerlos a voluntad.

Igualmente, tiene que poder controlar el movimiento intestinal. Tiene que poder darse cuenta de cuándo es el momento y retenerlo hasta que pueda llegar al inodoro.

Lorenzo ya sabía usar el inodoro a los 2 años. Traté de darle ventaja antes de los 2 y no le gustó, así que lo dejamos tranquilo.

En el primer intento tuvo miedo, de modo que no hicimos nada por bastante tiempo. Yo lo intentaba de rato en rato, pero mientras no le gustara, no lo presioné para nada.

Cuando se orinaba en su ropa interior, yo no me enojaba con él. Se lo recordábamos. Normalmente él decía "no" pero nosotros no nos molestábamos. A veces sólo lo llevábamos al baño.

¿Cómo te puedes enojar? Apenas empiezan a aprender. Tienen que pasar por un proceso para todo. No puedes esperar que brinque al inodoro enseguida. El castigo los espantaría aun más.

Guadalupe, 20 – Lorenzo, 4

Ciertos niños adquieren ese control alrededor de los dos años. Muchos otros no lo obtienen sino hasta cerca de los tres años o hasta más tarde.

Hacerlo lo más fácil posible

Si consideras que tu niño está listo, ponle pantalones de entrenamiento. Para ciertos niños, deshacerse del abultado pañal y poder usar pantalones de entrenamiento especiales les sirve para que se interesen más en usar el inodoro.

Después, busca un asiento de inodoro cómodo y estimúlalo para que lo use como una vez por hora durante el día. Siéntalo allí sólo unos cuantos minutos cada vez. Quédate con él y ayúdale a sentirse confortable.

Si se resiste a sentarse en el asiento y no puede relajarse, puedes concluir que no está listo.

*Empezó a rasgarse los pañales apenas los orinaba.
Yo le decía: "Si vas a seguir rasgándolos, no te puedes
sentar en la bacinilla".*

*Al principio se imaginó que se trataba de una silla
para jugar. Así que le dije: "Tú te sientas en tu sillita y
yo me siento en la mía". Por fin un día lo hizo. Estaba
realmente lista.*

*Desde que le empecé a enseñar, sólo ha tenido dos
accidentes. Al principio, sólo quería orinar, no obrar.
Pedía un pañal, luego defecaba en el pañal. Luego
quería que se lo cambiaran. Yo echaba su defecación
en la bacinilla y en el transcuso de una semana, estaba
usando su bacinilla solita.*

*Después quería que yo me saliera y cerrara la
puerta. Es tan independiente. Quiere hacerlo todo
ella misma.*

Marijane, 18 – Elena, 23 meses

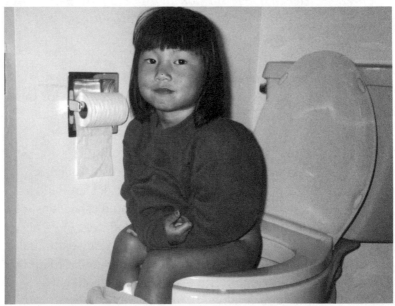

Enseñarle a usar el inodoro depende de cuando esté lista.

¿Accidentes? Se vuelve a intentar más tarde

*Intenté enseñar a Jeremy cuando tenía casi dos años.
Tomó como un mes para que me dijera cada vez que
tenía que ir al baño. Cuando supo cuándo se había
orinado en el pañal, supuse que el momento había
llegado.*

*Al principio me enojaba cuando tenía un accidente.
"Me tienes que avisar", le decía yo.*

*Mi esposo me decía: "No te enojes porque si no, no
te va a avisar".*

*Entonces empecé a decirle: "¿Tuviste un accidente?
La próxima vez puedes ir al baño". Ahora le va
muy bien.*

Ernesta, 20 – Jeremy, 3; Osvaldo, Jr., 5 meses

Aun cuando un niño dé la impresión de que está listo para
aprender, es posible que tenga dificultad para aguantar o soltar
los orines a voluntad. Si, tras una o dos semanas de enseñanza,
todavía tiene muchos accidentes, es mejor demorar el
entrenamiento un mes más o algo así.

El castigo no sirve de nada

*Francene tenía accidentes. Le tocaba entrenar para
uso del inodoro más o menos al mismo tiempo que nació
Alina. Yo quería que ya no usara pañales y no tomara
biberón antes de la llegada de la otra criatura.*

*Intenté con recompesa. Intenté con azotes. Le dije
que se tenía que sentar en su cuarto. Lo intenté
sentándome en el baño con ella. Hice la prueba con
todo. El médico dijo que esto es común cuando se
acerca otro bebé.*

*Tuvimos que vivir de ese modo dos años. Así que
fuimos nosotros los que cambiamos. Dejamos de dar
azotes y empezamos a recompensarla cuando iba al
baño. Ahora le va bien pero por dos años fue difícil.*

A mí me parecía que ya era hora de quitarle los

*pañales; orinaba bien pero se escondía en un rincón
y evacuaba en los pantalones. Yo sabía lo que estaba
haciendo y le decía: "¿Qué estás haciendo, Francene?"
y ella se echaba a llorar. Cuando suceden cosas así, me
parece que existe un problema en alguna parte.*
                    Joanne, 23 – Francene, 41/2; Alina, 3; Gloria, 1

No castigues a tu niño por los accidentes. Los hábitos
sanitarios no se pueden forzar. Un niño que siente presión va a
estar tenso y no podrá orinar a voluntad. Es probable que tenga
accidentes. Joanne tenía razón en eso de que debería haber
algún problema.

En primer lugar, Francene tenía sólo 18 meses cuando
nació Alina y lo más probable es que no estaba lista en
absoluto para usar el inodoro.

En segundo lugar, como lo indicó el médico, cuando nace
un nuevo bebé, por lo general no es el momento de esperar
que el mayorcito deje los pañales. Para el más grande, el bebé
acapara toda la atención. Si el bebé lleva pañales, tal vez ésa
es la manera de obtener atención. Por lo tanto, puede pensar
el mayorcito, llevar pañales es la clave para que le presten
atención. Puede pensar que perder tu atención significa perder
tu amor.

En tercer lugar, "vivir de ese modo" por dos años significa
que a Francene la regañaron durante dos años por orinarse
y defecar—actos normales, excepto que los hizo en el lugar
indebido de acuerdo con las expectativas de sus padres. Seguir
poniéndole pañales un año más, o hasta dos, podría haber
evitado gran disgusto.

Cuando tu niño tenga un accidente, límpialo calmadamente
y ponle ropa limpia. No se ha comportado mal; fue sólo un
accidente y no se debe sentir avergonzado por ello.

Los elogios deben abundar

Cuando usa el inodoro, debes elogiarlo. Dile que estás muy
contenta porque él lo ha logrado. También es eficaz que otros

miembros de la familia le digan lo orgullosos que se sienten de él.

Si tu niño pasa mucho tiempo en una guardería, o con la abuelita u otra persona encargada, es importante que todos trabajen en conjunto con él cuando quiera ir al inodoro.

Permítele observar

Primero le compré una bacinilla. José ya sabía más o menos lo que yo quería que hiciera porque se metía en el baño conmigo y con su papá todo el tiempo. Le puse su bacinilla allá y él nos observaba. También le decíamos lo que queríamos que hiciera.

La primera vez que orinó se asustó. Se paró y lo regó todo. Yo estaba emocionadísima y aplaudí. Después quiso ir al inodoro grande, así que quitamos la bacinilla.

Ahora a José le gusta ir al servicio en lugares distintos. Vamos a la tienda y dice: "Tengo que ir al baño". Vamos a la casa de alguien y "tengo que ir al baño". Le gustan sus pantalones de niño grande.

AnnaMae, 20 – José, 2 1/2

Si lo puedes hacer sin mucho desconcierto, la manera ideal de enseñar a tu niño a usar el inodoro es por imitación. Tú le muestras cómo se hace. Si le das alas para que se siente en su bacinilla cuando tú estás sentada en el inodoro, probablemente lo hará más rápido.

Después de todo, te quiere imitar cuando estás lavando los platos y limpiando la hojarasca del patio. Imitarte cuando estás en el inodoro a lo mejor también le interese. Más importante aun, en vez de presionar a la criatura para que use el inodoro, estás siendo el modelo del método que quieres que aprenda.

"Los padres se agitan demasiado"

Jim Mead, fundador de For Kids Sake, Inc., un grupo de apoyo para padres en Lake Elsinore, Californa, afirma que la enseñanza del uso del inodoro da como resultado más maltrato infantil que todos los otros aspectos de la crianza. Los padres se agitan demasiado con ello.

Ésta es una batalla que el niño siempre gana. No hay manera de que una madre o un padre haga a la criatura orinar en un determinado lugar. Ésta es un área en que el niño está en control absoluto, una situación irritante para muchos padres.

Una técnica que sugiere Mead es congelar cubitos de hielo con color. Echas varios en el inodoro. Si el niño o la niña orina sobre los cubos, el hielo va a crujir y chasquear cuando los orines calientes los derriten. ¡Qué divertido!

Hacer que el orinar sea divertido para un niño es más importante para la madre o el padre que para el propio niño, advierte Mead. Si la madre o el padre puede compartir unas boberías con la criatura, la una o el otro van a estar menos predispuestos a enojarse hasta maltratar a la criatura. Mead ha sido testigo de que hay muchos niños maltratados físicamente porque no hicieron sus necesidades de la manera en que los padres querían.

El hijo de Denae, Dorian, a los 11 meses no está en capacidad de usar el inodoro. Dice ella que cuando él esté listo, ella le va a poner Cheerios en el inodoro y le va a sugerir que les apunte. Parece una buena idea.

Tú también tienes que estar "lista" o "listo"

Si has determinado que es hora de enseñar a tu niña a usar el inodoro, ¿estás lista o listo tú? Ésta es una parte importante del proceso completo. ¿Tienes el tiempo? ¿Puedes quedarte en el baño con ella? ¿Puedes celebrar sus logros? ¿Ignorar sus fracasos?

Si tus padres tienen visitas, ¿puedes entenderte con charquitos en el piso? A veces hay quienes tratan de enseñar el uso del inodoro a su niño justamente antes de ir a visitar a la abuelita. No son ésos ni el motivo adecuado ni el mejor momento.

Cuando crees que ella y tú están listas, ponle las pantaletas de entrenamiento unos dos o tres días. Ella misma se los puede bajar más rápido que los pañales.

Si tu niña se orina en el piso, no la regañes. Sólo tienes que limpiar. Si sigue orinando allí dos o tres días, tiene que ser que éste no es el momento para las pantaletas de entrenamiento. Vuelve a ponerle pañales sin mostrar desaprobación. Si no está lista, no está lista. Eso no quiere decir que es mala.

Aun cuando el entrenamiento vaya muy bien, a menudo unos niños tienen accidentes otra vez. Si esto le sucede a tu hijo, no te preocupes. Enfrenta los accidentes con calma. Si ocurren muy a menudo, podría ser necesario usar pañales otra vez hasta que la criatura parezca lista para intentar el uso del inodoro una vez más.

Ciertos niños aprenden a usar el inodoro muy fácilmente pero a otros se les dificulta. Ya que cada niño es diferente, no existe un sólo método seguro eficaz o edad específica para que todos los niños lo logren. Tu niño va a aprenderlo cuando esté listo.

Si te desalientas, observa el jardín de la infancia más cercano. Probablemente vas a ver que no hay un solo niño con pañales. Tu hijo también va a aprender a usar el inodoro.

Puedes ayudarle a aprender a resolver las diferencias sin pelear.

10

Enseñar al niño
a evitar la violencia

¿Cómo le podría enseñar a Blair a ser experimentado en la calle? ¿Le diría: Si tienes un problema y no sabes nada de esa gente, sencillamente, aléjate. Sencillamente, sé más hombre y aléjate porque no sabes qué clase de persona tienes frente a ti. Podría ser realmente loco y eso podría ser tu fin.

Yo me preocupo más por los varones porque ellos piensan que deben enfrentarse, no parecer cobardes o inferiores. Le diré a mi hijo que no vale la pena perder la vida, o tener toda una vida de problemas, o acabar en la cárcel.

Brooke, 18 – Blair, 3 meses

Enseñarle a no ser violento

En la escuela existen muchas pandillas. Me parece que por eso tengo que ser más protectora de Casey. También tengo que ser su amiga para que él me diga lo que pasa. Por lo menos le puedo decir lo que siento en cuanto a eso. A mí realmente no me gustan las pandillas. Me parece que no hay razón para pelear por calles donde ni siquiera vives, o por un determinado color.

No quiero que Casey sea violento para nada. Hay muchas otras maneras de enfrentar los problemas. Dialogar con la persona, no pelear. Las armas de fuego aparecen aquí por el sexto grado y la cosa se hace realmente peligrosa.

Charity, 17 – Casey, 18 meses

No puedes inmunizar a tu hija para que no sea víctima de un disparo al paso, pero sí puedes enseñarle maneras de evitar la violencia. Ayudarle a aprender técnicas que no sean violentas para dar fin a disputas es un don que le puedes dar y que le va a durar toda la vida.

Empieza con la relación que estableces con tu hijo. El apego que ocurre entre una madre o un padre y su recién nacido es el principio de todo. El resultado de este apego es un acoplamiento saludable entre tú y tu hijo. Este acoplamiento es sumamente importante para el desarrollo de tu niño.

Primeramente, cuando el apego funciona, pueden comunicarse bien. La buena comunicación puede demostrar tu respeto para con el niño. El niño a quien se respeta desde que nace y cuyos padres "están locos por él" probablemente va a tener buena autoestima. Tú le ayudas a desarrollar autoestima cuando lo elogias por sus logros, cuando lo animas en cada paso de su desarrollo.

¿Qué es ese apego cuando tienes un párvulo? Parte importante de ese apego es que disfruten de hacer las cosas juntos. No esperes que se entretenga solo siempre. Por supuesto que debe jugar independientemente, y lo hará

algunas veces, pero también necesita tu completa atención
a menudo.

Las destrezas del lenguaje son sumamente importantes. Si
tus lazos de relación son fuertes, debe ser bastante fácil
conversar, y esto proporciona cierta protección para tu niño.
Le ayuda a aprender a usar palabras en vez de violencia.

"¡Es terrible!"

> *Es terrible. Se mete en todo. Le encanta pelear con*
> *cualquiera.*
>
> Willadean, 17 – Rashad, 21 meses

Cuando Willadean decía lo anterior, el primito de Rashad,
de cuatro años, hacía como que le pegaba a Rashad. Rashad tal
vez pensara que se esperaba que él fuera "terrible". Después
de todo, su mamá se lo dice. Además, su primo mayor que él,
a quien tal vez admira, le pega, así que esto debe ser lo que
se hace.

Tú tienes que dejar de pegar. Si a él "le encanta pelear",
¿quién pelea con él? ¿Con quién juega? Si les pega a niños
menores que él, sencillamene no puede estar con ellos. Si les
pega a niños mayores, probablemente va a salir lastimado.

Si a un niño se le permite hacerse bravucón, no se va a
llevar bien con otros niños. Eso no es lo que tú quieres para
tu hijo.

La violencia se aprende

> *No, nosotros no creemos en dar golpes. Lo único que*
> *se logra con eso es que la niña odie. Cuando le pegas,*
> *la lastimas mental y físicamente. Ustedes son los padres*
> *y ella los admira. Cuando le pegas, realmente la*
> *lastimas.*
>
> *Es mejor razonar con ella y así no te va a odiar. No*
> *va a crecer con maneras violentas, con la idea de que*
> *está bien dar golpes.*
>
> Nathan, 20 – Dakota, 11 meses

Una niña aprende a ser violenta cuando sus padres son
violentos. Cuando papá y mamá pelean, gritan y se golpean
mutuamente, o le dan de golpes a ella si se porta mal, ella va a
ver el pelear y el golpear como maneras de resolver problemas.
Debe estar bien golpear a la gente. Las personas que significan
el todo para ella golpean.

> *Yo no le doy nalgadas pero le doy un toquecito en las*
> *manos si agarra algo que no debe y no quiere escuchar.*
> *Sin embargo, estoy llegando al punto que tengo que*
> *parar porque últimamente, si le doy un toquecito en la*
> *mano, él me devuelve el golpe. Está aprendiendo*
> *a golpear.*
>
> Grechelle, 16 – MacKenzie, 11 meses

Ciertos padres hacen más que servir de modelos de
comportamiento violento. Unos deliberadamente les enseñan
a hijos e hijas a ser agresivos y a pelear. Hasta amenazan de
castigarlos si no pelean. Otros les dicen que peleen "cuando
sea necesario". Para ellos, eso está bien.

Un niño que ve a sus padres pelear y gritar probablemente
peleará. A un niño a quien se le insta a ser agresivo en sus
relaciones y se le dan alas para pelear es probable que sea
más violento.

Si tú eres el modelo de una vida diaria sin violencia, en tus
acciones con tu hijo y con otras personas, lo más seguro es que
él seguirá tu ejemplo.

Para evitar la violencia, tu hijo también tiene que entender
cómo se arreglan las disputas o conflictos sin provocar peleas
o violencia. Puede empezar a aprender esta destreza al
interactuar con su familia.

Si le das a tu hijo opciones y oportunidades para negociar
disputas sencillas tales como selección de comida o ropa, lo
más probable es que tratará de imitarte. Por ejemplo, a veces
tu niño podría ofrecerle un juguete a otro niño cuando lo que
quiere es el juguete que tiene el otro. En vez de simplemente
quitarle el juguete a la otra persona, trata de negociar. En esos

primeros intentos tal vez no tenga éxito siempre, pero ya empieza a aprender la valiosa destreza de la negociación.

Hazte defensora o defensor de tu niño

Antes de todo, yo no creo que debes pelear para resolver un problema porque eso empeora el problema. Glen le dice a Leonardo que si un chiquillo te pega, díselo a tu maestra o a tu mamá. Nosotros no le decimos que pelee.

Kerrianne, 19 – Sergy, 3; Leonardo, 4

Tú puedes ser defensora o defensor de tu hijo.

Si tu niño te dice que otro niño lo golpea o lo amenaza, ¿qué debes hacer? ¿Cómo puedes ser defensora o defensor de él? Puedes ir a la escuela y hablar del asunto con la maestra, sin acusaciones.

Presenta lo que, de acuerdo con lo que te contó tu hijo, crees tú que pasó. Tu hijo y tú deben estar presentes juntos. Si hay preguntas, él mismo puede contestarlas. Va a ver que tanto tú como la maestra quieren ayudarle.

Podrías decirle a la maestra que tú estás tratando de criar a tu hijo en un ambiente sin violencia y que quieres evitar las peleas, pero que tu niño tiene que estar protegido. Pregúntale a la maestra cómo puedes tú trabajar con ella para proteger a tu niño. Tú tienes que ser defensora o defensor de tu hijo.

> *Básicamente, le enseño a Clancy lo que mis padres me enseñaron. Si alguien te pega, primero se lo dices a alguien en vez de actuar impulsivamente y devolverle el golpe.*
>
> *Si sucede en la calle y alguien empieza a molestar, anda a una tienda cercana o toca en alguna puerta y pide ayuda – por lo menos para llamarme.*
>
> *Haré todo lo posible para enseñarle a alejarse en vez de pelear.*
>
> Chelsea, 19 – Clancy, 2 meses

Enfrentar la ira o cólera

Aunque te hayas criado en medio de violencia, puedes aprender técnicas para enfrentar problemas. Es importante que aprendas tales técnicas no sólo por y para ti sino con mayor razón por y para el bebé.

Puedes ayudar a que tu bebé aprenda distintas maneras de enfrentar sus sentimientos coléricos, sin violencia.

> *Consulté con un consejero para autocontrol en caso de enojo y me sirvió 100 por ciento. Te pueden ayudar con tus frustraciones, con tu familia, con otros problemas. Ahora me muerdo la lengua. Si ahora mismo me*

pusiera a pelear, ¿quién se metería en problemas?
Si tienes un historial delictivo, te quitan a tu bebé si
peleas. Es difícil alejarse, pero he aprendido a hacerlo.
Ayer me alejé de mi peor enemiga.

Samantha, 16 – Kaylie, 20 meses

Tiempo atrás, mucha gente esperaba que sus hijos pelearan.
A un chico que se negara a pelear le llamaban cobarde. Hay
quienes aún piensan así.

Esta manera de pensar se basaba en la suposición de que
los muchachos probablemente no iban a sufrir lesiones graves
en una pelea a puños. Las armas de fuego no formaban parte
de ese panorama. Pero hoy día, el uso extendido de armas de
fuego cambia la situación por completo.

Le enseñaré a mi hijo que si puede alejarse de un
problema, se aleje. Pero si el problema te va a seguir,
a lo mejor tienes que hacerle frente. Pero tienes que
reflexionar. ¿Qué va a pasar si vapuleo al tipo y él tiene
una pistola?

Riley, 18 – Dorian, 11 meses

Poder alejarse es importante y a veces es terriblemente
difícil hacerlo. Te sientes herido emocionalmente, estás fu-
rioso. Ciertas personas tienen miedo de, sencillamente, dar la
espalda.

Contar hasta diez antes de reaccionar calma a algunos. A
veces, decir un chiste aminora la tensión. Alejarse de una disputa puede ser lo mejor. Así, hay oportunidad de que la furia
se aplaque. Por lo general, las expresiones rabiosas sólo crean
más problemas.

Tu niño observa la manera en que tú respondes a una
disputa. De esa observación obtiene la idea de cómo debe
responder él. Probablemente va a copiar las estrategias que
le parece que dan resultado. Cuando tú evitas un conflicto, le
ayudas a tu niño. Con tu ejemplo aprende maneras más
seguras de manejar situaciones que pueden ser de peligro.

*Lo que yo aprendí en la calle es que puedes
presentar la otra mejilla o puedes dar la cara y pelear,
pero dar la cara y pelear a lo mejor no es el comportamiento apropiado. Quiero que entienda que cada una
de sus acciones conduce a una consecuencia. Ojalá que
pueda hablar para entenderse.*

Domingo, 22 – Lorenzo, 4

Estimula a tu niño para que te hable. Escucha con atención
cuando trata de expresar sus pensamientos y sentimientos.
Esto le puede dar confianza en su habilidad verbal.

Con tu ayuda, su lenguaje continuará creciendo y mejorará.

Estimula a tu niña para que te hable — ¡luego escúchala!

Podrá hablar con otras personas y resolver problemas con el
habla. Le estás ayudando a usar palabras en vez de los puños.

*Yo le digo a mi hermana, si alguien te golpea, aléjate
porque lo único que puede pasar es que te vas a meter
en problemas. Cuando yo tenía cinco años, mi mamá
me dijo que devolviera los golpes, pero yo le digo a
hermanita que se aleje. A veces tienes que defenderte,
pero, usualmente, pelear no va a resolver el problema.
Precisamente, va a empeorar las cosas.*

Bridget, 18 – Barnaby, 6 meses

Las armas y los niños en lugares aparte

*Casi todos mis amigos de mayor edad que yo tienen
armas. Lo único que van a lograr con eso es o quedar
muertos o en una prisión. Traerían su violencia a la
casa; ¿y qué tal si su hijo resulta lesionado? Le tengo
tanto miedo a las armas de fuego. No me gustan para
nada. Hace como cinco meses yo estaba presente cuando mataron a un amigo muy íntimo.*

Bridget

Las armas de fuego son muy peligrosas para los niños de
toda edad. Aunque muchas personas tienen armas en sus casas,
muy pocas veces les enseñan a los niños el manejo seguro de
las mismas. A menudo ni siquiera las aseguran en un lugar
bajo llave.

Cuando los jóvenes manejan las armas, puede ser peligroso
no sólo para ellos sino también para familiares y amistades.
Con armas en la casa, también puede haber más violencia en la
familia y existen más posibilidades que alguien resulte muerto.

Si tienes una pistola o un revólver en casa, asegúrate de
guardarlo bajo llave, lejos de la criatura. No pongas el arma
en un gabinete de cristal donde la pueda ver. No debe estar a
la vista; debe estar descargada y las municiones o el pertrecho
deben estar guardados en otro lugar separado. Tienes que estar
absolutamente segura para que ni tu hijo ni cualquier otro niño

resulte muerto con arma de fuego en tu casa. Es alarmante la cantidad de armas de fuego usadas en las residencias contra miembros de la familia.

Hay quienes consideran que los revólveres y las pistolas de juguete insensibilizan a un niño a la mortal realidad de las armas de fuego.

> *A mí no me gusta que los chiquillos jueguen con pistolas. Me parece que no tienen edad para diferenciar entre una pistola verdadera y una de juguete. Yo no les permito ni una pistola de agua. Les compro cualquier otra cosa menos una pistola de juguete.*
>
> Kerrianne

Efecto de la violencia televisiva en tu niño

> *En principio, la violencia en TV conduce a la violencia. Yo no le permito a Leah ver películas violentas. Si viera semejantes cosas, probablemente se asustaría y tendría pesadillas.*
>
> Lyra, 18 – Leah, 2 1/2

Los programas de televisión que ven tus hijos tienen un gran impacto en su comportamiento. Ciertos investigadores han observado a niños jugando antes y después de ser testigos de violencia en la televisión. Sin la menor duda, su manera de jugar es más agresiva después de ver violencia en la pantalla. Deborah Prothrow-Stith, M.D., autora de *Deadly Consequences* (1991: Harper), escribe en la página 45: ". . . los investigadores se han dado cuenta que a mayor violencia que los niños ven en televisión, mayor es la violencia que probablemente habrá en sus interaciones con sus iguales y esos son efectos que perduran".

> *Hay un programa en español donde siempre hay peleas. Yo odio el programa pero a mi novio le gusta. Vincent estaba viendo el programa con mi novio y empezó a darle puñetazos a Juan y a repetir muchas de*

las palabras usadas en el programa. Desde entonces decidimos no ver esa clase de programa cuando Vincent está presente.

Mariaeliza, 17 – Vincent, 3

Limita el tiempo que el niño pasa frente al televisor. Selecciona con mucho cuidado los programas que ve. Que no vea ninguno con contenido violento. Si llega a ver alguno con contenido emocional fuerte, y tiene edad para hablar de eso, pregúntale cómo se sintió con lo que vio. Escucha pacientemente lo que responde. Anímalo para que continúe si pareciera como que quiere decir algo más. Diálogos como éste pueden influir para que los resultados sean diferentes cuando tu niño enfrenta un determinado conflicto.

Otras técnicas para enfrentar la violencia

Además de darle al niño el don de una disciplina amorosa, firme y delicada, puedes ayudarle a aprender destrezas que tendrán un efecto duradero para protegerlo de la violencia.

Ayudarle a desarrollar la mente es de gran importancia para protegerlo. Le ayudarás a crecer intelectualmente. Podrá aprender a enfrentarse a conflictos sin valerse de la violencia. Tendrá mejor capacidad para razonar y considerar otras soluciones. Se esforzará más por lograrlo toda vez que confiará más en su habilidad para triunfar.

¿Dónde empieza el desarrollo intelectual? Empieza al nacer. Háblale. Descríbele todo lo que haces por él, lo que ves, lo que sientes. Háblale de todo, que él escuchará. Así es como aprende el lenguaje y a comunicarse con los demás.

Léele. Al principio a lo mejor sólo va a disfrutar de tu voz, pero eso cambiará. Primero le gustarán los libros de láminas, después los cuentecitos sencillos. Con el tiempo va a adquirir su amor por los libros y la lectura.

A medida que crezca, comparte narraciones y videos que demuestren cómo enfrentar desacuerdos sin violencia.

Juega con él a menudo. Busca juegos y juguetes que sean

divertidos para el niño y para ti. Éstos cambiarán a medida que él crece.

Todas estas experiencias contigo y con otros adultos cariñosos son importantes para una niña pequeña. Le ayudarán a crecer intelectualmente. Le ayudarán a ser más lista. Estará preparada para asistir a la escuela cuando tenga la edad.

Los niños a quienes les va bien en la escuela son menos propensos a actuar con furia, menos propensos a ser súper agresivos que un niño que no se desempeña bien en la escuela y no está seguro de lo que siente hacia sí mismo. Prothrow-Stith manifiesta en la página 171: "Los niños que se creen listos asisten a la escuela y se hacen más listos. Los niños que se creen torpes asisten a la escuela y se hacen más torpes". Una parte importante de tu labor es ayudar a tu niño a entender que es una buena persona y ayudarle en el desarrollo de su talento y sus habilidades.

Nos dice Prothrow-Stith una vez mas que las investigaciones indican que los niños que aprenden a hacerse respetar sin atacar a otros ya sea verbal o físicamente tienen menos propensión a convertirse en bravucones. Igualmente, tienen menos probabilidades de convertirse en víctimas de los bravucones.

Richard Tefank, ex jefe de policía en Buena Park, California, laboró con muchas familias cuyos hijos estaban metidos de lleno en pandillas. Según él, los adolescentes que eligen evitar la actividad pandillera, por lo general tienen una influencia maternal/paternal fuerte en casa y saben que tal actividad no es aceptable para su familia. También son personalmente fuertes para poder sobrevivir la presión de sus iguales. Son lo suficientemente experimentados en la vida callejera para andar por esa cuerda floja y no convertirse en víctima de su barrio.

Durante diez años, el Departamento de Policía de Buena Park ofreció clases de crianza para padres de adolescentes pandilleros. Tefank comentó: "A menudo escuchamos a los padres decir: 'Nosotros no sabemos cómo controlar el comportamiento del muchacho'".

Los padres tienden a pensar que se trata de las cosas materiales que dan a sus hijos. Si no dan al niño cosas materiales, el niño va a creer que no lo quieren. Eso no es cierto, afirma Tefank enfáticamente. El amor y el apoyo emocional que tú das a tu hijo es muchísimo más importante. Es el chico que no recibe ese amor y ese apoyo en casa quien se acerca a la pandilla en busca de lo que le hace falta. Después, si ese hijo o esa hija procrea, tiende a ser madre o padre de la manera en que la o lo criaron. Es un círculo vicioso difícil de romper.

Una presentación más a fondo sobre la participación de padres en pandillas y su impacto en la crianza de sus hijos, se encuentra en *El reto de los párvulos* (Lindsay).

Importancia de la disciplina consistente

Dos guías importantes sobre las cuales se hace énfasis en las clases de crianza patrocinadas por el Departamento de Policía son las mismas que aparecen en este libro:

1. No prohibas ninguna actividad a no ser que sea perjudicial para tu hijo u otras personas y/o propiedad ajena.

2. Cuando das dirección a tu hijo, estate atenta/o para que la siga. Como hemos dicho tanto anteriormente, eso no significa que hay que azotarlo para "hacerlo comportarse". Eso casi nunca surte efecto, excepto por un corto tiempo. No le enseña autodisciplina. Quieres que se comporte debidamente no sólo porque tú lo dices sino porque él aprende a controlar sus propias acciones.

La práctica consistente de estrategias amorosas y firmes para con tu hijo le ayudará a evitar la violencia que nos rodea. *Juntos, ambos van a ser triunfadores.*

La vida se complica con dos pequeños.

11

Disciplinar/Enseñar
a más de uno

Al principio fue difícil, pero la verdad es que ahora es más difícil. Pelean más. Laramie quiere estar afuera y tenemos que cerrar las puertas cada vez que está en el piso.

La bebé de mi hermana tiene diez meses y ella y Laramie no se llevan bien en absoluto. Laramie y Kalani no se llevan muy bien tampoco.

Yo no tengo tiempo para mí misma. Cuando están durmiendo tengo mucho que hacer, cosas que no puedo hacer cuando están despiertos porque no me dejan hacer nada.

Lynnsey, 19 – Laramie, 1; Kalani, 2

Tengo que levantarme temprano, arreglar mi ropa,
vestirlas, peinarles el cabello, ir a la escuela. Después
de clases corren por toda la casa. Cuando regreso
les doy de comer y les cambio los pañales. Limpio mi
cuarto y ellas riegan todos los juguetes en el cuarto
después que lo tengo limpio. Quieren un bocadillo, se lo
doy y el piso queda sucio otra vez y tengo que pasar la
aspiradora. Las baño por separado.

Hacer todo eso cansa mucho. No puedo ir al cine
cuando se me antoja. Cuando trato de hablar por telé-
fono, se vuelven locas. Gritan y pelean. Por lo general,
lo que hago es colgar. El mejor momento para hablar
por teléfono es después de las 10 de la noche.

                                        Edie, 17 – Dora y Laura, 26 meses

La vida con dos – o más

¿Vives en una casa con más de un niño? ¿Hay en casa un
párvulo incapaz de entender la necesidad de atender constantemente a un bebé? ¿O hay un nuevo bebé, tal vez de tu mamá
o una hermana, y tú tratas de satisfacer las casi constantes
necesidades de tu párvulo?

Si tienes un solo niño pero vives donde hay uno o más
niños además del tuyo, a lo mejor tienes los mismos problemas
que si fueran todos tuyos.

El año pasado ha sido terrible – el primo de Vincent
tiene dos años y es un niño muy bueno. Pero Vincent, a
los dos años, empujaba a todo el mundo, les tiraba del
cabello, mordía. Si está cansado, te pega. Ni siquiera lo
puedes mirar cuando está cansado sin que se incomode.

                                        Mariealiza, 17 – Vincent, 3

En primer lugar, Mariaeliza tiene que recordar que Vincent
también es un "niño muy bueno". Si cree que es malo, es
probable que note lo que hace indebidamente y no trate de
entender por qué lo hace.

A los dos años, a los niños generalmente les gusta jugar cerca de otros niños. Cada uno necesita todavía tener sus propios juguetes y su propio espacio ya que aún no tienen la capacidad para compartir los juguetes.

El período de juego tal vez tenga que ser corto y un adulto debe estar por ahí cerca. Ciertos niños de dos años pueden jugar muy agresivamente y necesitan más interacción con adultos. Si sabes que tu niño no puede manejar el estrés cuando está cansado, tienes que alejarlo de situaciones que provocan la ansiedad, incluyendo otros niños.

Las rutinas son importantes. Vincent debe comer a una hora fija. Tiene que dormir a una hora fija. A lo mejor todavía necesita dormir una siesta por la tarde, o un momento de tranquilidad para mirar libros acostadito en su cama. O tal vez es que sencillamente necesita un lugar donde pueda jugar tranquilito él solito.

Amiguitos de juego en casa

Por supuesto que también hay ventajas en tener más de un niño para jugar. Edie trabaja bien duro para atender a sus gemelas de 26 meses, pero también tiene la situación de que las niñas se entretienen una a otra. Los gemelos tienden a ser más compatibles por tamaño e interés, dice ella.

Juegan mucho la una con la otra. Tienen una casita de juguete y yo las chequeo. Se sientan y hablan. Se turnan para empujarse en un carrito.

Edie

Willadean también habló de que su hijo y la hermanita de ella juegan juntos:

Tengo una hermanita de tres años y Rashad siempre anda jugando con ella. Hacen de todo. Juegan rondas. Claro que también pelean. Se hacen cosquillas mutuamente. Él quiere jugar con las muñecas de ella.

Willadean, 17 – Rashad, 21 meses

La vida con un recién nacido y un párvulo

Si tienes un nuevo bebé, a lo mejor te preocupa que otro niño, un bebé que gatea, un párvulo o hasta un preescolar, lo puedan lastimar. Un párvulo que corre por la casa a menudo no presta mucha atención a lo que lo rodea—ni siquiera si hay un bebé al paso. Tienes que recordar que un bebé no tiene seguridad cuando está en el piso si hay un párvulo activo corriendo por todos lados. De hecho, es probable que tengas que supervisar toda interacción entre tu bebé y el párvulo durante cierto tiempo.

Al mismo tiempo, considerar lo que siente el párvulo es también muy importante. Tal vez puedas hacerle entender que ésta es "nuestra bebé" y que necesita atención especial. Si lo invitas a que se siente a tu lado cuando le das de comer a la bebé, a lo mejor le hace sentirse involucrado.

Es difícil tener un niño pequeño, luego otro, y tratar de atenderlos a los dos. Tienes que ser muy estable y tienes que tener un presupuesto estricto.

Cuando Enrique nació hubo mucho celo. Yo le decía a Athenea que éste no es bebé mío solamente. Éste es nuestro bebé y tenemos que atenderlo juntas.

Eso sirvió bastante porque dejó de ver a Enrique como su hermana y lo vio como a su bebé. Yo la dejaba tenerlo en brazos y le mostraba cómo hacerlo.

Rashion, 20 – Athenea, 3; Enrique, 22 meses

Respeta a tu párvulo como niño activo que es, aunque le tengas que enseñar a interactuar segura y placenteramente con tu bebé.

Si el párvulo es tu hijo, y otra persona tiene la responsabilidad primaria por el nuevo bebé, tienes que supervisar al tuyo aun más cuidadosamente. Si la casa no ha sido ya puesta a prueba de niños, hazlo ahora si es posible. Es probable que un párvulo que no puede explorar libremente sea un niño frustrado. Su frustración le dificultará respetar las necesidades del nuevo bebé.

Niños mayorcitos y la casa a prueba de niños

Si tienes un niño mayorcito, o si vives con hermanos y hermanas menores que tú, poner la casa a prueba de niños puede ser difícil que lo entiendan. Se van a incomodar si tu párvulo les daña las cosas.

Algunos de los juguetes de los niños mayores tal vez no sean seguros para tu niño. Trata de ayudar a que el o la mayor entienda cómo se puede beneficiar si mantiene sus posesiones inseguras o queridas alejadas del párvulo de la casa.

> *Los chiquillos venían y me decían: "Cassandra garabateó mi libro".*
>
> *Yo les contestaba: "Es pequeñita. Está aprendiendo. Es mejor para todos que no dejemos muchas cosas donde las pueda dañar".*
>
> *Así fue que empezaron a dejar sus libros en su cuarto. A veces hasta se metían en el corralito para jugar con las cositas de ella. Yo les dije que no podían tener piezas pequeñas regadas por todos lados porque Cassandra se las podía tragar.*
>
> Kris, 17 – Cassandra, 25 meses

Kris trató de ayudar a los niños mayores a entender las necesidades de Cassandra. Instarlos a que mantuvieran sus libros y otras cosas frágiles en su cuarto fue algo muy sensato. Jugar en el corralito les dio la libertad de usar juguetes que no serían seguros para Cassandra. De ese modo, Cassandra también podía explorar libremente en el mismo cuarto donde ellos jugaban – una situación perfecta para todos. Sin embargo, aunque los niños mayores traten de recoger sus cosas, es muy importante que tú chequees todo por si se les ha quedado algo.

Celeste no sólo tenía que entenderse con un hermanito 21 meses menor sino también con varios tíos muy jovencitos:

> *Tres hermanos míos viven aquí y Celeste los molesta. Uno tiene seis años y dice: "Se está metiendo en esto" y "Se está metiendo en aquello".*

Celeste es bien brusca con Carrie. Es muy malge-
niada y cuando le decimos "no," grita. Yo no sé por qué
es así. Yo me siento con ella, coloreo, le leo, pero tengo
que estar un tiempo con cada uno.

Noelle-Marie, 19 – Celeste, 2 1/2; Carrie, 9 meses

Celeste es, sin duda, la criatura del medio. Está muy
pequeña para jugar con sus tíos jóvenes. No importa cuánto
los moleste, ellos no la van a aceptar. Y ahora su mamá está
ocupada con su hermana menor y tiene menos tiempo para ser
compañera de juego de Celeste. Celeste también puede tener
rivalidad fraternal.

Celeste se comporta como una niña de 2 años y medio.
No le gusta compartir a su mamá. Alguna actividad tranquila
para Celeste y Carrie juntas bajo supervisión de mamá podría
servir, algo donde usen papel y creyones, o bloques.

Es posible que Celeste tal vez pronto pueda jugar con
otros niños de su edad, ya sea en un centro preescolar o en el
vecindario. Pero aún va a necesitar supervisión de adultos.

Adolescentes con dos

A veces me siento frustrada con las dos cuando
pelean y gritan y no me dejan hacer nada. A veces
Laramie llora y al fin la calmo y entonces Kalani
empieza a darle golpes o a tirarle cosas.

Lynnsey

Ya tienes que saber cuánta energía se necesita para atender
a un solo niño. ¡No es de extrañar que Lynnsey se sienta
frustrada!

Para los adolescentes con dos (o más) niños es sumamente
difícil permanecer en la escuela. ¿Cómo puedes satisfacer las
necesidades de un bebé y de un párvulo y, al mismo tiempo,
continuar con tus estudios?

Yo estaba sola mucho. Calmaba a una y entonces a
la otra. Me frustraba.

*Si tenía tarea de la escuela, no podía hacerla porque
una hacía alguna cosa y enseguida la otra la imitaba.
Tenía que darles de comer a la misma hora en dos
sillas altas.*

Edie

Si tú te encuentras en esa situación, necesitas muchísimo
apoyo. Si existe un programa para padres adolescentes en
tu escuela, o si la escuela ofrece algún servicio para padres
adolescentes, ni lo dudes, utilízalo, es una ventaja. Si no hay
guardería, a lo mejor tendrás que atenerte al programa de
estudio hogareño – ¿y cómo puedes estudiar, mientras tratas de
satisfacer las necesidades de dos niños pequeños?

*Por un tiempo trabajaba, asistía a la escuela, llega-
ba a la casa a las 3, entonces trabajaba de 4 a 9, luego
volvía a casa y bañaba a mis bebés, les daba de comer,
los acostaba. A veces se dormían y yo no podía estar
con ellos y eso no me gustaba. Tener dos hijos es duro.
Dejé el empleo.*

Lynnsey

Si tú absolutamente no puedes lidiar con la escuela y la
crianza de tus hijos, tal vez tendrás que esperar como un año
o dos para regresar a la escuela. Si esto ocurre, prométete que
continuarás tus estudios y tu preparación laboral tan pronto te
sea posible.

Tus niños necesitan tu atención y, sí, la seguirán necesitando muchos años – pero también necesitan una madre/un padre
con preparación académica.

En cierto modo, Louise tuvo suerte porque le faltaba poco
para graduarse cuando nació su segundo hijo. Hizo todo lo
posible por darle a sus dos hijos y a su esposo, Bob, todo lo
que necesitaban. Estaba tratando de terminar en la escuela,
Meghan tenía sólo 17 meses cuando nació Mark y Bob no le
ayudaba mucho.

Yo estaba bastante molesta conmigo misma cuando nació Mark. No podía pasar mucho tiempo con él por Meghan y porque tenía que limpiar. Entonces volví a la escuela. Mark era un niño exigente. Al principio no era un niño contento. Casi nunca lo vi sonreír hasta hace cosa como de tres semanas. A mí me preocupaba que no importaba lo que yo hiciera, él era llorón.

Yo me ponía nerviosa y Meghan también. Ella me decía que el bebé estaba llorando. Yo le contestaba que yo lo sabía. Ella no podía entender cómo era que yo no hacía que él se fuera, pero yo había probado con todo. Lo único que podía hacer era dejar que se agitara y se durmiera, y sí dormía mucho. Aparentemente, no se sentía bien durante ese tiempo.

Louise, 19 – Mark, 5 meses; Meghan, 22 meses

Luego sucedieron varias cosas. Louise se graduó y pudo quedarse en casa con los dos niños. Mark empezó a comer mejor. Y entonces le hizo gorgoritos a su mamá.

Eso me compuso. Cuando por fin me hizo gorgoritos, nuestro mundo cambió. Ahora se sonríe a menudo.

Interacción fraternal

Ricardo tiene celos de Monique porque ella es menor. Si abrazamos a Monique, él quiere que lo abracen a él también. Cuando le hablo a Monique, él se mete entre ella y yo porque quiere atención. Cuando Monique nació él se puso muy celoso. Lloró mucho bastante tiempo. Cualquier cosita lo hacía llorar. A mí me parece que era por Monique. Todavía quiere todo lo que tiene Monique.

Sharon, 19 – Ricardo, 35 meses; Monique, 16 meses

A menudo, un niño pequeño se pone muy celoso de un nuevo bebé. Se siente desplazado por esta nueva persona que acapara tanto de la atención de mamá y papá. ¿Por qué tiene

que estar emocionado? No puede jugar con el bebé. Lo único
que hace el bebé es llorar y dormir. Pareciera como que mami
siempre tiene al bebé en brazos y a él no. Si el bebé por fin se
duerme, mami también tiene que dormir. No es de extrañar que
el párvulo desplazado con frecuencia sienta resentimiento:

> *A Adam le gusta molestar a Cami. Le presiona los*
> *pies hacia abajo para que no pueda gatear. Le pone sus*
> *calcetines de él en la cara. Cuando ella está en el sofá,*
> *él le mueve las manos para que ella se caiga.*
> *Es como si por momentos me quisiera hacer llorar.*
> *La molesta, le esconde algo que es de ella. Grita cuando*
> *estamos conversando. ¿Qué podemos hacer para que*
> *trate a Cami con suavidad?*
>
> Leona, 18 – Adam, 4; Cami, 1

Adam está sufriendo de rivalidad fraternal (el sentimiento
de que ha sido desplazado por una hermana o un hermano
menor). La verdad es que todavía no ha aceptado a Cami.
Cuando estos dos están juntos, un adulto tiene que estar por
ahí cerca. Cuando Cami crezca, a lo mejor van a disfrutar de
ciertas actividades que pueden hacer juntos. Pero hasta que
Adam entienda que él puede hacerle daño a Cami, tendrá que
haber supervisión por parte de adultos y sitios aparte
donde jugar.

"Busca atención"

Problema

Alina se pone celosa de verdad porque Francene va
a la escuela y además yo tengo una bebé que acapara
toda mi atención. Alina tiende a sacárselas con la bebé,
tirarla del cabello. Ella es la del medio y se agita mucho
y trata de sacárselas con Gloria. Me parece que busca
atención. Apretuja su almohadita rosada y se chupa
mucho el dedo.
Lo más difícil ha sido que Francene empezó a ir a

> *la escuela y Alina no puede ir todavía. Dice ella: "Yo*
> *quiero ir a la escuela. Quiero una mochila".*
> *Francene regresa a casa y dice: "Mami, imagina lo*
> *que hicimos" y se emociona. Alina se inmiscuye y trata*
> *de imitarla. Francene trae un dibujo e inmediatamente*
> *Alina saca uno hecho por ella.*
>
> Joanne, 23 – Francene, 41/2; Alina, 3; Gloria, 1

Alina tal vez se siente defraudada porque le parece que su mamá no le presta suficiente atención. Ve a su mamá atendiendo a la bebé y a Francene le pone atención por lo de la escuela. No es de extrañar que Alina también trate de inmiscuirse en las cosas.

Tal vez Joanne podría "dar clases" a Alina en casa por la mañana. Podría planear actividades para Alina, como en la escuela, cuando hace sus quehaceres domésticos.

Tal vez Alina podría hacer algo especial diariamente, como pintura con los dedos. Leer libros juntas y dibujar algo de los cuentos puede ser divertido. Por supuesto que los dibujos de Alina se deben poner a la vista junto con el trabajo escolar de Francene. Puede ser que Alina le tome menos tiempo a Joanne si ésta le proporcionara más actividades a la niña.

Otra parte interesante de estas actividades podría ser que Alina le "ayudara" a su mamá con la limpieza.

A Joanne le preocupa que Alina necesita más atención. En retrospección, cree que debió espaciar a sus hijas un poquito más. "Alina nunca tuvo mucha oportunidad de ser bebé", comentó reflexivamente. Si estás de acuerdo con Joanne en que los niños necesitan muchísima atención, tal vez decidas que es mejor demorar algo más el nacimiento de otro bebé.

El asunto de las relaciones

> *He estado con el papá cinco años pero él se acaba*
> *de mudar de aquí la semana pasada. Probablemente nos*

A veces juegan juntos "dulcemente" pero no siempre.

volveremos a juntar. A lo mejor una era suficiente. Tal vez no teníamos tiempo para nosotros dos.

Y es duro – Kalani está más apegada a él y Laramie está más apegada a mí. Cada vez que Kent viene a visitar, Kalani llora cuando se va. Ayer se la llevó y la trajo más tarde.

Lynnsey

Si tienes dos niños y has regresado a la escuela, ¿cómo puedes tener tiempo para tu pareja? Muy pronto el papá se siente como que él no tiene participación alguna.

Cuando él llega a casa, ¿está dispuesto a estar con los niños mientras están despiertos? Cuando los niños se acuestan, tal vez tú y tu pareja pueden tener algo de tiempo para los dos. Él tiene que estar con los niños unos ratos, ratos que podría pasar con sus amigos si no tuviese hijos.

Si papá lleva a uno de los chicos al parque o a caminar,

ese niño se va a sentir importante. Y eso significa que tú vas a tener tiempo a solas con tu otro niño.

Cuando estoy frustrada hago lo posible por calmarme, sólo los dejo jugar afuera un ratito. Si mi mamá está aquí, los dejo con ella por cinco minutos y me voy a mi cuarto y me calmo. Aun cuando Kent se lleva a Kalani y yo estoy con el bebé, yo me quedo con el bebé y eso ayuda. Cuando ella no está aquí, Laramie duerme más y él juega mejor cuando está solito.

Lynnsey

Todavía es muy importante que ustedes dos tengan algo de tiempo para estar juntos solos. ¿Pueden planear unas cuantas horas, digamos cada semana o cada dos semanas, en que puedan estar juntos y dejar a los niños al cuidado de alguna otra persona? En el capítulo siguiente hay más sugerencias para asuntos de las relaciones.

Sueño y disciplina

Casi todas las madres (y los padres) se cansan cuando atienden a sus niños pequeños. Si hay dos o más, el cansancio es un asunto enorme. Si estás demasiado cansada y tu frustración aumenta, es extremadamente difícil manejar todas las necesidades de tus hijos.

Me acuesto a las 11:30 y me levanto a las 6 de la mañana. Cuando eran bebés yo dormía siestas.

Edie

Edie no puede seguir indefinidamente con tan pocas horas de sueño. Aunque sea difícil lograrlo, dormir suficientes horas por la noche también es importante. Cansarse excesivamente puede hacer de este período lleno de tensiones algo peor. Si no duermes lo suficiente, probablemente no tendrás la paciencia necesaria para disciplinar bien.

Tratar de satisfacer tus propias necesidades puede ser muy difícil por un tiempo. Pero a veces un descansito puede servir si se toma con seguridad. De ser posible, no trates de hacerlo todo tu sola. Consigue ayuda – de otras madres, de tu madre, de tus amistades. Tus hijos necesitan que tú también te atiendas a ti misma.

Los conceptos disciplinarios presentados en este libro son aun más importantes cuando hay más de un niño en el panorama. Gran parte de la disciplina es entender el comportamiento y prevenir problemas. Si ambos niños son tuyos, no puedes permitirte que el párvulo exija tu atención constante. Si tú le puedes dar toda tu atención por completo parte del tiempo, probablemente será capaz de aceptar el tiempo que pasas con tu bebé. Haz también todo lo que te sea posible para que tu niño sienta que participa en el cuidado de "su" bebé.

Cuando entiendes cómo pueden ocurrir estos problemas, probablemente puedes evitar que los mismos ocurran.

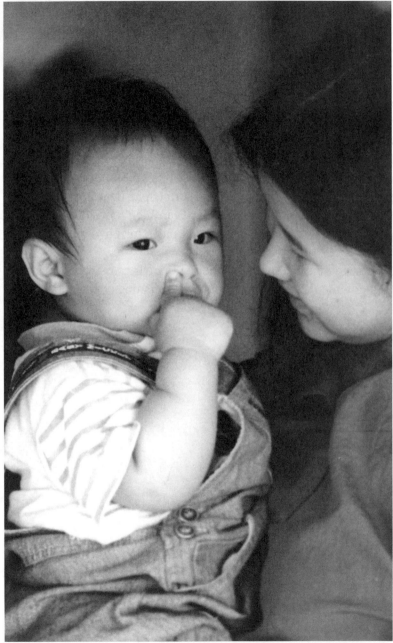

La crianza a veces es frustrante, a menudo, gratificante.

12

Enfoque en mamá y papá

Pasé por mucho antes de tener a Luciann y todavía es lo mismo. Pero la verdad es que no me preocupa lo que está por delante porque he pasado por mucho durante más de dos años. Hubo momentos, después del nacimiento, en que pensé: "¿Es esto lo que estoy destinada a ser, ser mamá el resto de mi vida?"

Es duro. Quieres hacer otras cosas, pero quieres andar con tus amigas, quieres vivir la vida, pero no puedo hacer nada de esas cosas.

Yo y el papá, es la misma cosa. Él tiene que trabajar y la

mayoría de sus amigos no tienen hijos y no trabajan.
Él quiere andar con ellos, pero no puede. Esto afecta
nuestra relación.
¿Es de suponer que la vida es tan difícil?
                                        Liliana, 17 – Luciann, 22 meses

Es duro ser madre. No puedo hacer mucho de lo que
me gustaría hacer porque tengo que atender a Mona.
Para mí, la crianza es difícil. Pensé que iba a ser fácil.
A veces se me crispan los nervios y me dan ganas de
pegarle. Lo que hago es darle un biberón. No soporto
que llore y llore.
Layne y yo nos casamos antes de que naciera Mona,
y es duro. Demasiadas cuentas y yo tengo que conseguir
trabajo porque Layne no gana mucho.
                                        Ellie, 17 – Mona, 11 meses

Reto doble para padres adolescentes

Ya seas madre soltera o que tú y tu pareja estén criando
juntos, tú o ambos tienen retos adicionales por ser madre y
padre muy jóvenes.

Cualquiera que sea tu situación, enfrentas los retos
comunes de la crianza. Además, tienes o tienen el reto
adicional de satisfacer tus o sus necesidades de la adolescen-
cia. Aunque es probable que maduraras muchísimo durante el
embarazo, aún así necesitas disfrutar de la vida. (Por supuesto
que madres y padres de mayor edad también lo necesitan.) Las
amistades también son importantes. "Comportarse como
adolescente" de vez en cuando es importante para ti y para
tu pareja.

Yo sabía que del modo que fuera, yo era aún adoles-
cente. Sí maduré un poco. Yo no estaba preparada para
tener un hijo y, tal vez, si hubiera podido esperar, tal vez
hubiera podido hacerlo. Pero no creo que eso sea razón
para que uno no se divierta, no salga.
                                        Clancy Jane, 17 – Jenae, 23 meses

Aunque parezca difícil, tienes una doble tarea como madre o padre. No eres "sólo" la madre o el padre de alguien. Eres tú, una persona realmente importante con sus propias necesidades. En *El primer año del bebé* y *El reto de los párvulos* puedes encontrar sugerencias para enfrentar tus necesidades para una vida satisfactoria en la actualidad y en el futuro.

Cómo te sientes hacia ti misma/mismo y tu plan para la vida tiene un gran impacto en cómo disciplinas a tu hijo. Si tu vida no anda bien en este momento, probablemente la crianza te va a resultar más difícil. Como adolescente, aún estás madurando a paso acelerado. Aún estás convirtiéndote en la persona que quieres ser. Aún estás descubriendo a la persona que eres. Quieres probar nuevas cosas para describir tu potencial.

Ahora tienes que equilibrar tus necesidades y tus metas con la enorme responsabilidad de criar a una criatura. No es fácil. Ciertos padres dejan a un lado muchas de sus propias metas mientras que otros tal vez no satisfacen sus responsabilidades de crianza adecuadamente.

"Hace lo que le da la gana"

Sentar límites y hacerlos cumplir toma mucho tiempo. Es difícil para ciertos padres adolescentes tomarse el tiempo para enseñar a la criatura de esta manera. Una madre joven a quien se le pidió comentario para este libro respondió así:

> *Jeanne, lo siento, pero no puedo ayudarte con este tópico. No me queda más remedio que darle a mi hija lo que quiere cuando lo quiere. Esto se ha hecho un hábito y no sé cómo terminar con él sin herirle los sentimientos o que ella misma se lesione físicamente.*
>
> Gloria, 19 – Katy, 2 1/2

La joven mamá explicó entonces que ella es una persona muy ocupada. Es estudiante universitaria que participa en muchas actividades en el lugar. Es miembro del equipo de animadores y es funcionaria en varios clubes de la universiddad.

Son actividades gratificantes. Criar a un niño es también

una actividad gratificante y es un compromiso que adquirió
cuando se hizo madre. Si Gloria ya no tiene el tiempo o la
energía para disciplinar lo mejor posible, tiene que eliminar
algunas de las actividades fuera de casa. Tiene que hacer más
tiempo para Katy. Un pequeño a quien "siempre se le da lo que
quiere cuando lo quiere" probablemente no va a ser feliz ni
mucho menos una persona con seguridad.

Angelica explicó bien este concepto. La razón de ella para
darle a su hijo lo que quisiera cuando lo quisiera era otra:

> *Shaun estuvo consentido varios meses porque yo
> tenía un problema de drogadicción. Yo lo dejaba hacer
> lo que le daba la gana porque eso era más fácil. Enton-
> ces mi mamá me ayudó y yo fui a recuperarme.*
>
> *Ahora las cosas andan muchísimo mejor. Cuando
> dejo a Shaun hacer lo que le da la gana, nuestra
> relación se va al piso y no me quiere mucho. Si siempre
> le dejo hacer lo que quiere, él sabe que algo anda mal.
> Creo que ésa es la razón principal por la cual he podido
> mantenerme sin drogas. No me gusta que uno no quiera
> al otro.*
>
> Angelica, 20 – Shaun, 3

Criar a los hijos es una de las cosas más importantes y
estresantes que hacen las personas. Se necesitan cantidades
enormes de amor, paciencia y puro aguante para lograrlo.

Con frecuencia los padres jóvenes no reciben el apoyo
necesario. El dinero suficiente para vivienda adecuada, comida
y ropa puede ser difícil de obtener. Los momentos para
relajarse y estar con las amistades, o simplemente para
descansar, pueden ser casi imposibles.

> *Ya no tengo tiempo para mí. Para ir de compras,
> tengo que llevármela. Ni siquiera puedo tomarme una
> buena ducha. Aunque esté dormida, me apresuro porque
> me da miedo que se despierte.*
>
> *Cuando me voy a trabajar, me preocupo por ella.*
>
> Shaquala, 17 – Haley, 9 meses

La crianza es estresante

*Esto no es lo que yo quería – ir a la escuela cuando
tengo una bebé. Yo quería ser mamá en la casa. Me
parece que cuando los bebés se crían en una casa con su
mamá allí siempre, se sienten más seguros.*

*Tienes que poner tu vida en espera por un tiempo, lo
mismo que salir. Muchos de nosotros no tuvimos padres
estimulantes y es difícil ser estimulante cuando a ti no te
dieron ese estímulo.*

Zandra, 16 – Dakota, 11 meses

Los padres jóvenes que viven por su cuenta tal vez sientan
muchísima presión. Además del problema de las finanzas,
existe el estrés de empezar una nueva familia al mismo tiempo
que estar en la escuela o en una nueva carrera.

Puede ser de gran beneficio para los niños si la mamá se
puede quedar en casa los primeros años. Sin embargo, esto no
es posible para muchas madres adolescentes.

Y aunque lo fuera, probablemente no es fácil para ella. Tener varios hijos pequeños hace doblemente difícil satisfacerles
todas sus necesidades y no se diga, las de la mamá y el papá:

*Francene dice: "Ven, mami, vamos a dibujar" y yo
le digo: "Ahora no". Siempre lo pospongo. Me pide ese
momento pero Gloria siempre gatea hasta nosotros y
Alina quiere hacer lo que estamos haciendo nosotras.
Me gustaría que fuera asunto sólo para mí y Francene,
pero no puedo.*

*Cuando Alina se echa a llorar, a veces me frustro
mucho con mi propia vida y me la saco con las niñas.
Ellas me dicen: "¿Por qué estás enojada conmigo,
mami?" y yo contesto: "Lo siento muchísimo. Hoy es un
día malo para mí".*

*Como sabes, no tengo ni pizca de tiempo para mí.
Las atiendo a ellas, atiendo a mi esposo, y no tengo
tiempo para mí.*

Joanne, 23 – Francene, 4 1/2; Alina, 3; Gloria, 1

Es importante librarse de la presión de la crianza, aunque sea sólo para ir al parque con otra madre y tener la oportunidad de conversar mientras se observa el juego de los niños. Tú y tu niño tal vez se sientan más relajados al regresar a casa. Joanne continúa:

> *He notado que mientras más hacemos con las niñas, menos pelean, más cariñosas son. He notado que cuando no las atiendo, Francene tiende a romper sus juguetes o me contesta. Cuando me tomo el tiempo para sentarme y escuchar lo que me cuenta de la escuela, mientras más atención le pongo, mejor es.*
>
> *Julio pasa ratos con sus amigos y dice: "Yo trabajo todo el día y me merezco esto". Yo también siento lo mismo, pero no podemos hacerlo porque tenemos tres chiquillas. Tenemos que estar con ellas, más picnics el fin de semana.*
>
> *Este último fin de semana lo pasamos muy bien. Jugamos boliche el viernes por la noche y las niñas*

Dos o más niños complican la vida de los padres.

1ardería de la pista. Después

ın a
ron y   *e allá y Alina no se molestó.*
hijo y   *al día siguiente, alquilamos*
ensar.   *elados.*

maban.
cho, en   **portante**
peguen   niño tienes que tener confianza en
    presentes las destrezas de crianza
mada ni   y úsalas para crear una relación
límites   sta relación es lo que hace que la

ía en   portante para tu hija. Tiene que
    na buena persona, capaz de apren-
    También tiene que saber que puede
    ivoque en el camino.
    ceramente que su criatura es deli-
    que poner atención a lo que no
o era   de confianza y tratar de arreglarla.
    ıltado. Forzar a tu niño a que se
la,   mor al castigo sólo creará la
    y mucha menos confianza.

1ue
ien-   *, en mi opinión, sabe distinguir*
    lo. Cuando estaba en la etapa del
1   *unas nalgadas cuando lo necesi-*
ale-   *bedecido.*
eses.   *ue yo soy el que manda. Saben*
no   *las van a castigar. Yo les pego si*

    Julio, 23 – Francene, 41/2; Alina, 3; Gloria, 1

meses
va a   tres niñas menores de cinco años.
esto   ositiva de lidiar con cada una es difícil.
    fecto los azotes? En el capítulo 6 ex-
    as de que los golpes logren gran cosa

a la larga. De hecho, Julio añade:

> *Es un asunto delicado. Hay quienes no les peg*
> *sus hijos y éstos salen perfectos. A mí me maltrato*
> *salí bien. Un amigo mío puede dar una tunda a st*
> *el chico da la vuelta y lo hace de nuevo. Te hace p*

Había una vez en que se creía que los azotes funci
Hoy día, casi todo el mundo sabe que no es así. De h
nuestros días, en ciertos países es ilegal que los padre
a sus hijos.

Una lucha por el poder con un párvulo no sirve de
para la madre/el padre ni para la criatura. Establece lo
necesarios y mantenlos consistentemente.

Que tu hija se haga cargo cuando sea posible. Con
ella. Dale la oportunidad de aprender autodisciplina.

Si mamá y papá conviven

> *Kendall y yo peleábamos y gritábamos. Kaylie*
> *siempre estaba presente, viéndonos discutir, y eso*
> *saludable para ella.*
>
> *Empezó a portarse violenta, muy brusca. No ha*
> *pero gritaba y nos señalaba con el dedo.*
>
> *Yo le dije a Kendall: "debes saber que tenemos*
> *discutir en otro lado porque, mira lo que le está ha*
> *do a Kaylie".*
>
> *Cuando por fin terminamos nuestra relación, el*
> *lloraba, gritaba, pegaba a las muñecas, le daba pa*
> *ta. Estuvimos juntos un año y rompimos hace dos n*
>
> *Kaylie todavía pelea mucho y yo le digo que eso*
> *es bueno pero ella se ríe. Cree que es chiste.*
>
> Samantha, 16 – Kaylie, 20

Una criatura que vive rodeada de peleas y violencia
considerar que eso es comportamiento normal. Por sup
que lo imitará en su juego y en su vida. Ése es el

comportamiento que ha visto por parte de las personas importantes en su vida.

Si convives con tu pareja, la relación mutua tiene un gran impacto en tu niño. Joanne observa:

Yo sé que cuando mi esposo y yo peleamos o discutimos, eso molesta mucho a las niñas. Cuando estás enojada o irritada no te pones a reflexionar que le está haciendo daño a las niñas.

El otro día decidimos que cuando nos molestemos el uno con el otro, si las niñas están presentes, sólo vamos a dialogar en vez de gritar. Si no podemos hacer eso, entonces uno de los dos se irá a caminar o al baño. Para pelear, vamos a esperar hasta que las chicas no estén presentes. Ellas quieren a su mami y a su papi y cuando peleamos, se irritan mucho.

Mi mamá y mi papá discutían mucho y eso me irritaba. Tanto Julio como yo somos de hogares rotos y yo siempre he dicho que no importa lo que ande mal, nosotros trajimos al mundo tres criaturas y ellas nos quieren a los dos.

La verdad es que si nos separáramos, ellas sufrirían muchísimo. Sé que a mí y a mis tres hermanos nos hizo daño la separación de nuestros padres.

La furia de los padres es algo muy difícil para los niños. Las voces iracundas y la expresión de fuertes sentimientos dan temor. Ciertos niños pequeños pueden llorar inconsolablemente. Otros tal vez creen que, de una forma u otra, ellos son responsables por el escándalo que hacen.

Los padres tienen que pasar cierto tiempo con los niños, pero también tienen que tener tiempo para estar juntos pero sin los niños. La relación entre ambos tiene que seguir creciendo y desarrollándose. Así, cuando aparezcan las diferencias, las podrán enfrentar con mayor facilidad.

El desarrollo de una relación fuerte necesita compromiso

y labor fuertes, pero vale la pena. Los padres tienen que buscar
maneras de discutir sobre sus diferencias y llegar a soluciones
para sus problemas.

No siempre es fácil hacerlo. Si no pueden arreglar las cosas,
deben buscar ayuda y guía.

Compartir creencias sobre la crianza

*Yo y mi novio tenemos estándares distintos para la
disciplina. Él le da más rienda suelta a Bronwyn que yo.
Nosotros conversamos sobre eso, pero no hemos
resuelto el asunto. Yo no le pego. Mi papá me pegaba
mucho, y si alguien me levantaba la mano, yo me en-
cogía de miedo. Yo no quiero que Bronwyn pase por eso.*

Hillary, 17 – Bronwyn, 10 meses

Tú y tu pareja tienen que compartir tus ideas sobre la
crianza, especialmente en lo que se refiere a la disciplina. Casi
todos los padres tienen ideas específicas acerca de cómo se
debe tratar a un niño. Si la madre o el padre se crió con padres
que le pegaban mucho y el otro o la otra no, puede ser muy
difícil que ambos concuerden en métodos disciplinarios para
su criatura.

*A veces no estamos de acuerdo en lo de la disciplina.
Rick no le pega por todo, pero considera que el castigo
va a resolver las cosas. No concordamos en eso. Yo
estoy en la escuela y sé que eso no es cierto.*

Mariaeliza, 17 – Vincent, 3

Ciertos padres se ponen muy ansiosos por las cosas que
un pequeño pueda hacer y los problemas que podría causar.
Temen lo peor. Tienden a ser demasiado restrictivos en sus
prácticas de crianza. Si tú o tu pareja piensa de esta manera,
tienes que discutir tanto tus razones y tu manera de pensar en
un esfuerzo por concordar en estrategias disciplinarias. Casi
todas las creencias sobre la disciplina son el resultado de cómo
lo/la disciplinaron en su infancia.

> *Tú y tu pareja tienen que estar de acuerdo para la
> disciplina. Nunca discutan frente al niño sobre lo su-
> cedido. Éste tiene que ver que ustedes dos se atienen a
> las mismas reglas y consecuencias. Si no, si pelean y se
> contestan, él se aprovechará de poner a uno contra otro.*
>
> Diane, 19 – Lee, 3; Zach, 1

Entre los padres debe haber tan poco conflicto como sea
posible. Cuando los padres no están de acuerdo en métodos
disciplinarios, el niño pronto aprende a poner a uno contra
otro, como dice Diane.

La criatura puede manipularlos para obtener lo que
quiere. La verdad es que esto no es meta de la buena disciplina
y es perjudicial para las relaciones familiares.

Yoko y su esposo finalmente han podido hablar de
todos sus desacuerdos en materia disciplinaria:

> *Nelson y yo casi siempre estamos de acuerdo. Cuan-
> do no, hablamos en nuestra recámara, donde no van los
> niños. Discutimos nuestros puntos de vista y tratamos
> de llegar a un compromiso. A veces uno de los dos se
> acerca al punto de vista opuesto y así es como llegamos
> a un acuerdo. Sabemos que lo más importante es que el
> niño sepa siempre que lo queremos, sea como sea.*
>
> Yoko, 25 – Sheila, 9; Mathew, 6; Karena, 2

Momentos para padre e hijo/a

> *Cuando mi esposo regresa del trabajo, trata de estar
> un rato con las pequeñas. Saca los perros a caminar. Y
> si puede recoger a Francene en la escuela, ella se pone
> radiante de alegría. Estar con papi significa mucho. Él
> es como el modelo de Francene y el príncipe de Alina.
> Papi es el todo para ellas.*
>
> Joanne

Papá a menudo está cansado cuando regresa del trabajo.

Los momentos con papá son muy importantes para los niños.

A lo mejor no tiene mucha energía para jugar con pequeñitos. Pero casi todos los niños esperan con ansiedad un momento especial para jugar con su papá. Cuando esto sucede, se crea un lazo o nexo entre padre e hijo que es muy placentero para los dos.

Creo que un padre debe participar. Tu hijo es pequeño sólo una vez. Una vez que crecen nunca puedes

*recuperar eso. Debes pasar con ellos todo el tiempo
que puedas.*

*Así, ves el progreso de tu hija y no te pierdes de nada
en su vida.*

*Considero que mi familia es más importante que todo
lo demás en mi vida. Puedo tener trabajo o no, pero
cada día mi hija crece y nunca recobraré eso.*

*Yo y Elena tenemos nuestros ratos juntos. Trato de
pasar el mayor tiempo posible con ella. A veces, cuando
estoy trabajando, regreso extenuado a casa.*

*Ella corre de un lado a otro y dice "papi, papi" y yo
me derrito.*

*Pero a mí me gusta jugar con ella y a ella también
le gusta, o si no, le leo un cuento. A ella le encantan
los libros.*

Raul, 19 – Elena, 23 meses

Si papá está ausente un tiempo

Con frecuencia, a los padres jóvenes que conviven se les
dificulta concordar en técnicas disciplinarias. Si no están juntos por un tiempo, para el o la ausente será más difícil estar al
tanto de las necesidades de su niño o sus niños.

El novio de Dawn Ellen se enlistó en el ejército dos
semanas antes de que ella supiera que estaba embarazada.
Tras mucho diálogo a larga distancia, la joven pareja decidió
casarse. La boda fue cuatro meses antes del nacimiento de
Mercedes. Frank no pudo regresar a casa durante casi un año
después de la boda. Dawn Ellen lo recuerda:

*Su papá vio a Mercedes por primera vez a los siete
meses. Estuvo aquí como un mes y tuvimos dificultades
porque él se portaba diferente. No la criamos juntos.*

*Frank regresó otra vez para Navidad, cuando ella
tenía 18 meses. Esta vez fue un poquito más fácil porque
ella ya podía hacer cosas por sí misma y él y yo no*

discutíamos tanto.
Cuando él está aquí, ella adora a su papá y siempre
está con él.
No lo hemos visto por más de un año ahora mismo.

Dawn Ellen, 19 – Mercedes, 3

Otros padres se van por meses, a veces años, porque están
en la cárcel. Mantener el contacto con los niños y la pareja,
hombre o mujer, durante este tiempo requiere mucho esfuerzo
y determinación por parte de ambos padres.

Si existe una clase de crianza, tal vez valdría que el padre
o la madre ausente la tomara para entender mejor las etapas
por las cuales pasa su criatura. Él o ella tendrá una idea del
comportamiento que se puede esperar al regreso del ausente
a casa.

Si el padre o la madre se ausenta temporalmente quien
queda en casa tiene que esforzarse por mantener informada a la
persona ausente del desarrollo de la criatura. Las cartas, fotos y
llamadas telefónicas cobran suma importancia.

A veces la separación es lo mejor

Los primeros 2 años y medio vivimos juntos, pero él
se ausentaba mucho. Cuando no estaba, Destiny se
portaba muy bien. Cuando él regresaba, ella dejaba de
hablar, dejaba de usar su bacinilla, y tomó mamila hasta
los dos años.

Por fin le dije que eran las drogas o nosotras. Se iba
por tres meses y me decía que las había dejado. Después
yo me enteraba que no era cierto y se iba otra vez. Yo no
sé por qué estuve con él tanto tiempo.

Madge, 18 – Destiny, 3

Es realmente una pena que tantos jóvenes se pierdan por las
drogas. Esta niña necesita un padre de quien pueda depender.
Madge necesita una pareja considerada. Probablemente, un
padre drogadicto no va a ser responsable.

La crianza — ¡sí se puede! o ¡querer es poder!

Criar a un niño es un trabajo difícil que toma tiempo y es un reto para el cual tal vez has tenido muy poca capacitación. A veces te podrías sentir frustrada. Tal vez te puedes sentir molesta por las veces que no disciplinaste bien.

Utiliza tus técnicas disciplinarias contigo misma:

- No te enfades demasiado cuando cometes un error. Tendrás otra oportunidad. La próxima vez va a ser mejor.

- No te des por vencida. Piensa en otras maneras de ayudarle a aprender. Haz la prueba otra vez.

- Ten paciencia con tu progreso. Aprender una destreza nueva lleva tiempo y muchísimo esfuerzo.

- Alábate a ti misma cuando lo logras. *¡Te lo mereces!*

A veces una madre adolescente se siente por fuera.

13

Cuando tantas cosas salen mal

Por dentro grito. Sólo quiero alejarme de todo, de todos mis problemas, pero no puedo hacerlo por Clancy. Él no tiene nada que ver con mis problemas. Tengo que aprender a lidiar con mi estrés.

Me parece que muchos padres adolescentes se sacan la frustración en los hijos y creo que eso no está bien. Yo trato lo más posible de mantener la calma por Clancy porque no quiero hacerle a él lo que mis padres me hicieron a mí.

Cuando yo era pequeña y mis padres se frustraban, se la sacaban en mí.

Me maltrataban. Mi mamá me tiraba del cabello
y una vez me pateó escaleras abajo. Eso es lo que no
quiero hacer con Clancy. Quiero poder sentarme y
descansar un poquito. Quiero poder decirle: "Clancy,
ahora mismo no puedo bregar con esto. Mami tiene que
sentarse y hacer una pausa".
       Lo mantengo todo embotellado por dentro.
Cuando no puedo aguantar más, lloro o si estoy real-
mente molesta, no le hablo a nadie. Nadie me ha dicho
nunca cómo enfrentar el estrés. A mí me gusta escribir,
así que a veces escribo en un diario cuando estoy per-
turbada. Por lo general, esto me sirve.

                                    Chelsea, 19; Clancy, 2 meses

Ciertos padres se sienten atrapados

A veces me siento atrapada y no sé qué hacer
– tengo que ir a la escuela, tengo que ir a recogerlo. Es
difícil ser madre adolescente, estudiante y esposa.

                                    Mariaeliza, 17 – Vincent, 3

Muchas madres adolescentes tienen que sentir como que les falta algo importante en sus años de desarrollo. A veces se sienten atrapadas. Tal vez se sienten presionadas para ser madres antes de estar preparadas para ello. Es difícil criar a un niño. Es aún más duro si todavía tú misma eres muy joven.

Una madre puede sentirse encerrada con su hijo día tras día, aislada de sus amigas y sin tiempo ni dinero para hacer las cosas que le gustan. Recién casada o por su cuenta, puede que eche de menos la compañía y el apoyo de sus padres.

Los padres necesitan apoyo. Mamá necesita una amiga de confianza, una persona que escuche sus quejas y frustraciones. Necesita a alguien en quien se pueda apoyar, alguien que le ayude cuando necesita ayuda, cuando necesita alivio para el estrés de criar a una criatura y aprender a manejar su hogar. Necesita a alguien de quien pueda depender, alguien que se preocupe por ella.

Papá también necesita sostén. Puede ser que se sienta abrumado por las responsabilidades que se ha echado encima. Si no encuentra trabajo o si el empleo no paga lo suficiente para mantener a su familia, sus frustraciones pueden ser enormes.

Al mismo tiempo, probablemente no le queda mucho tiempo ni energía para relajarse con sus amigos o dedicarse a actividades que antes le gustaban. En cambio, vendrá a casa y encontrará a una cansada pareja que necesita su apoyo y a un bebé que necesita y quiere su atención. Puede ser que no quede tiempo suficiente para que papá y mamá disfruten estar juntos.

"Toda mi niñez quedó atrás"

Es casi imposible criar a un niño con paciencia y comprensión si no tienes el apoyo que necesitas para ti misma. Colleen se encuentra en esta triste situación:

> *Yo dejé atrás mi niñez para casarme con Charles y tener un bebé. Ser gente grande es una gran responsabilidad. Por ejemplo, parece como que lo único que tengo es responsabilidad. No tengo diversión de ninguna clase. Mi telenovela y los cigarrillos son las únicas diversiones que tengo. Yo bebía pero lo dejé por completo.*
>
> *Si yo hubiera sabido lo que sé ahora, probablemente hubiera tenido un aborto con Hilda. Si yo pudiera darle un consejo a alguien, le diría que esperara hasta que haya hecho lo que le gustaría hacer. Por mi parte, me siento como que me estoy sacrificando con las chiquillas. Parece como que ni siquiera lo puedo disfrutar, sólo me queda la limpieza. Charles tiene el gusto porque él regresa del trabajo y juega con ellas, pero yo no tengo ninguna alegría verdadera.*
>
> *A veces me voy al baño y tranco la puerta. Cuando Charles regresa a la casa, me pregunta qué estoy haciendo encerrada en ese cuartito y yo le digo que es mi privacidad, que me gustaría que las niñas fueran mayores.*
>
> Colleen, 18 – Ruby, 7 meses; Hilda, 21 meses

Una madre joven puede sentirse engañada. A lo mejor soñaba con tener un bebé a quien acunar y amar. Esperaba un bebé que pudiera amamantar con poco esfuerzo, le sonriera mucho y durmiera toda la noche tras unas pocas semanas. De una manera u otra, esto sucede raramente con bebés de carne y hueso.

La crianza es estresante y a veces sin agradecimiento. El bebé reclama y necesita atención día y noche. La madre a lo mejor no estaba preparada para el cansancio y la soledad que siente. Le parece que otros la critican.

El papá tal vez se siente por fuera. Puede sentir que la mamá tiene tiempo sólo para el bebé.

Los padres tienen que sentirse bien como son. Necesitan y merecen reconocimiento y elogio por la ardua labor que están desempeñando. La crianza es una tarea difícil. Requiere muchísima madurez.

Las metas y el sistema de valores de una adolescente no van a cambiar de la noche a la mañana a los de una persona adulta sólo porque ahora es mamá. Si está en casa todo el día y no tiene tiempo para ser adolescente, la frustración se puede acumular. Tiene que tomar cartas en el asunto antes de que se abrume con el estrés y se saque la furia en su hijo.

Distintas opciones

Casi todos los padres resienten a sus hijos en algún momento. Si entienden que esos sentimientos son normales, y su reacción no es la de ocasionar daño a su hijo, podrán superar una crisis temporal sin mucho trauma. Pero si el resentimiento ocurre con frecuencia, los problemas disciplinarios pueden fácilmente convertirse en maltrato infantil.

De cuando en cuando una madre se da cuenta de que éste no es el mejor momento en su vida para criar a un bebé. Con ínfimos recursos e ínfimo apoyo, no está en condiciones de proveer para las necesidades de su criatura de la manera que considera adecuada.

Porque ama a su niño y quiere que empiece la vida de una forma mejor que la que ella le puede brindar en este momento, puede considerar un plan de adopción. Es muy difícil tomar esa decisión, pero un plan de adopción para su bebé podría ser el acto más amoroso que puede ofrecer si no puede enfrentar la situación.

A veces una madre se queda con su hijo por razones insatisfactorias. Puede que considere la crianza de su hijo como una forma de pagar una imprudencia. A lo mejor le habían dicho que evitara las relaciones sexuales. Ahora tiene que pagar el precio. Para ella, el bebé es un recordatorio constante del error que cometió.

Tanto ella como su bebé merecen algo mejor. La crianza de un niño no se debe considerar como castigo. Hay muchas parejas desesperadas por criar a una criatura pero no pueden procrear la suya propia. Tienen mucho amor que dar y están en un momento de sus vidas en que poseen el tiempo y el dinero para afrontar las responsabilidades de la crianza.

Un plan de adopción nunca se debe hacer antes de estudiar todas las opciones posibles. Esto incluye buscar la información sobre fuentes de recursos disponibles en la comunidad. Nadie más puede tomar la decisión de hacer un plan de adopción para la madre y el padre.

La historia de Teresa

Teresa encontró una oportunidad de considerar sus opciones. Tuvo un hijo a los 16 años. Teresa vivía con su mamá, pero su mamá estaba ausente casi todo el tiempo.

Una noche cuando Eddie tenía como dos meses, lloró sin parar desde las 11 p.m. hasta las 2 a.m. Teresa hizo el intento de darle el pecho, de consolarlo. Nada parecía dar resultado. Por fin se durmió el niño y ella pudo descansar unas pocas horas antes del comienzo de las clases. Esa mañana, Teresa le escribió a su maestra una nota en la que describía cómo se sentía:

*Ayúdeme, por favor. Anoche me dieron ganas de
golpear a Eddie. Tengo miedo. ¿Qué puedo hacer?*

A instancia de la maestra, Teresa compartió lo que sentía
con la directora de un centro infantil. También hizo una cita
con una trabajadora social de la Children's Home Society.

Mientras hablaba con Pat, la trabajadora social, Teresa se
dio cuenta de que necesitaba cierto tiempo para considerar sus
sentimientos, para reflexionar sobre su situación. Estuvo de
acuerdo con colocar a Eddie en casa de crianza por un corto
tiempo. Dos semanas más tarde llamó a Pat. "Estoy lista para
traer a Eddie a casa", le dijo.

La vida no se le hizo más fácil a Teresa así de repente. Pero
con el continuo apoyo del personal del centro infantil y conversaciones periódicas con Pat, pudo atender a Eddie y continuar en la escuela. Se graduó cuando el niño tenía 14 meses.

*Me parece que debe [el libro] incluir algo sobre
maltrato y abandono infantil. Hay quienes creen que
nunca les pasará a ellos. Pero tú y yo sabemos que no
importa cuán buena madre seas, aun así puede pasar. Se
debe tratar con el asunto si buscas ayuda y confías en
alguien, como lo hice yo.*

*Creo que con mucha frecuencia [la gente] evita el
asunto, como si no pasara. La gente tiene que darse
cuenta de que sí existe. Tienen que saber adónde pueden
buscar ayuda.*

Teresa, 20 – Eddie, 4

Consecuencias de demasiado estrés

Para una madre joven, sola todo el día con su criatura, en
un apartamento pequeño, a menudo le es difícil lidiar únicamente a uno. Si hay dos o más pequeños, puede ser una
pesadilla para todos.

Colleen, a quien se cita anteriormente, está muy ocupada
para atender a Ruby, de siete meses, y a Hilda, de 21 meses.
Algo muy típico de la vida de ella y de sus niñas es el

siguiente episodio:

> *Hilda tenía en las manos un vaso de cartón con tapa.*
> *Tenía una pajilla [sorbete, carrizo] que quería meter*
> *por el hoyito de la tapa. No le entraba. Le daba y le*
> *daba y se ponía más molesta. A poco se echó a llorar de*
> *la pura frustración.*
>
> *La reacción de la mamá de Hilda fue: "Cállate la*
> *boca en el acto". Le dio unas nalgadas a Hilda, luego*
> *la llevó a su cuarto mientras le gritaba: "Te quedas ahí*
> *mismo hasta que te calmes".*
>
> *Le pegó, luego le gritó: "Te hablo en serio, Hilda,*
> *siéntate allí hasta que te calmes". Entonces le volvió*
> *a pegar.*
>
> *Hilda salió de su cuarto y de nuevo trató de meter la*
> *pajilla en la tapa. Empezó a lloriquear otra vez porque*
> *no lo lograba. La mamá le gritó: "Déjalo ya, Hilda, o te*
> *vas para tu cuarto otra vez".*

Esta anécdota puede parecer casi irreal. Si la madre se hubiese detenido un momentito para enseñarle a Hilda cómo se introduce la pajilla en ese hoyito, no habría habido tal crisis.

Ponte en el lugar de esa madre joven. Tiene otra criatura más pequeña. No gusta mucho de su esposo. El dinero nunca alcanza hasta el día de pago. Odia su apartamento. Y no tiene ni idea de alguna manera de escapar.

Éstos son los tipos de condiciones que producen un clima propicio para el maltrato. Una vez que éste empieza, es difícil de parar. A la confianza en el niño la reemplazan las expectativas escasas. La guía se reemplaza con la fuerza. La madre o el padre desahoga su furia y deja salir sus frustraciones. El maltrato se intensifica.

Es probable que los niños criados por padres enfurecidos y hostiles sean niños coléricos y agresivos que a menudo se meten en peleas y otros problemas serios. Posiblemente les va a ser difícil llevarse bien con la gente. Muchos de los reclusos en las cárceles sufrieron maltrato infantil.

El maltrato infantil ocurre más a menudo con niños menores de tres años que con niños de otra edad. El maltrato fácilmente puede producir tragedias si no se para.

Los niños pueden ser exasperantes

Todos a veces nos hemos sentido físicamente enfermos, hemos tenido problemas en la escuela o el trabajo, o problemas con las relaciones familiares. A veces todo parece andar mal al mismo tiempo, sin tregua para enfrentar los problemas. Es entonces cuando las necesidades de un niño pueden parecer demasiado para soportar.

Todos nos ponemos tensos con nuestros niños. Todos tenemos momentos difíciles para controlar sentimientos que podrían llevar al maltrato. Cuando uno se siente aislado o deprimido, es fácil echarle la culpa a un niño por lo que anda mal:

> *A veces, si estás siempre en la casa, estás hasta la coronilla, y no te debes sentir mal. Te parece que te vas a volver loca y nadie más está como tú. Cuando me siento así, trato de sentarme un rato a leer — no siempre funciona.*
>
> *Siempre trato de relajarme cuando el bebé está dormido, por lo menos una hora en que no hago absolutamente nada más que leer o ver la tele.*
>
> *A veces sólo tengo que tomar mis riendas y calmarme. No es fácil. Tienes que tener presente que no eres mala por no gustar de tus hijos de cuando en cuando.*
>
> Celia, 20 – Laurel, 4; Lance, 18 meses

Es aún más difícil para una madre a quien maltrataron en la niñez manejar el estrés de la crianza sin recurrir al maltrato. Probablemente va a emular el mismo tratamiento severo que recibió ella – aunque probablemente se prometió no hacerlo nunca.

¿Qué es maltrato infantil?

Existen varios tipos de maltrato infantil. El que probablemente se menciona más a menudo es el maltrato físico. Puede
ser que le peguen a la criatura, o la sacudan o zarandeen, o la
ataquen de cualquier otra manera. Se le hiere deliberadamente.
El resultado puede ser cortadas, chichones, verdugones,
quemaduras, o hasta huesos rotos u otras lesiones internas.

Tales lesiones pueden resultar en castigo. El maltrato físico
también puede provocar trauma sicológico. La criatura a
menudo no comprende por qué le hicieron lo que le hicieron.

El abandono es otra forma de maltrato. A un niño se le
puede dejar desatendido o aislado sin que nadie responda a
sus llamados. Puede estar encerrado y sin oportunidades de
aprender. Puede ser que le falte la ropa, o puede estar sucio y
apestoso por falta de aseo o de cambio de pañales.

Puede ser que esté desnutrido o no coma debidamente, que
no se le dé el alimento necesario para el crecimiento y desarrollo. La comida podría no estar limpia o estar mal cocinada.
Puede que no tenga un lugar decente para dormir, comer

A veces los padres sienten aislamiento y soledad.

o   jugar. Cualquiera de estas condiciones puede indicar abandono. También hay abandono cuando no se atienden las necesidades médicas del niño.

Ciertos niños tienen que soportar maltrato sicológico. Les gritan, los amenazan y los humillan de maneras espantosas. Las lesiones sicológicas que ocurren no dejan marcas visibles, pero pueden constituir un problema serio para el niño por el resto de la vida. Puede volverse ansioso y temeroso. La ansiedad puede interferir con muchos aspectos de su vida normal.

Puede haber hasta maltrato sexual en la etapa preescolar. En *El reto de los párvulos* se dan sugerencias para proteger a tu niño/niña de esta clase de maltrato.

Un niño bajo tratos injustos de parte de su madre o su padre o ambos, la o las figura(s) de autoridad en su vida, puede tener dificultad para reaccionar adecuadamente a otras figuras de autoridad tales como maestros, jefes, policías y otros.

Valor de grupos de sostén o apoyo

Si te sientes aislada y sola, y a menudo deprimida, o si con frecuencia te sientes irritada y te entusiasma muy poco la atención del bebé, es hora de hacer algo al respecto. Existen grupos de sostén o apoyo para madres (y padres) en casi todas las comunidades. Estos programas a menudo tienen actividades o guardería para niños a la vez que información sobre la crianza. La madre (o el padre) tiene la oportunidad de estar con otros como ella (o él) que están pasando por las mismas dificultades. Así no va a sentir el aislamiento ni la soledad.

Entérate de esos recursos que puede haber en tu área. Averigua en el distrito escolar. Puede ser que exista un programa de crianza para adolescentes o un programa para adultos que puede ser de utilidad. Un centro comunal de servicio que aparece en la guía telefónica en la sección de gobierno municipal puede recomendar algún programa. Muchas veces existen tales programas en los parques.

Si recibes TANF (Temporary Aid to Needy Families), tu

trabajadora social puede sugerirte algo. Un sacerdote, un pastor, un rabino o un imám te puede ofrecer ayuda.

La información sobre crianza de los niños es importante. Entender el desarrollo del niño te facilitará la tarea de la crianza. No vas a perder el tiempo tratando de hacer que tu niño haga las cosas cuando aún no está en capacidad de hacerlo.

El desarrollo no se puede forzar. Vas a aprender a encarar el comportamiento autodirigido y autocentrado de tu párvulo cuando te das cuenta de que todo eso está relacionado con su desarrollo emocional e intelectual.

Al empezar a entender el proceso de aprendizaje, vas a estar más a tono con la alegría de descubrir lo que siente tu niño. Empezarás a disfrutarlo, a divertirte con él. Te sentirás recompensada con algunos de los placeres de la crianza.

¿Quién necesita ayuda?

¿Cómo puede una madre o un padre decidir si necesita ayuda? Todos sabemos que de vez en cuando nos enfadamos mucho con nuestros niños. Lo importante es cómo reaccionamos cuando nos sentimos así.

Jim Mead, director de For Kids Sake, Inc., un grupo de sostén o apoyo para padres en Lake Elsinore, California, ofrece una "Prueba nacional de crianza".

Prueba nacional de crianza

1. ¿Golpeas alguna vez a tu niño sin pensar?

2. ¿Sientes alivio después de pegarle a tu niño?

3. ¿A veces le pegas con una correa o un cinturón o con un látigo?

4. ¿Eres tú la única persona que atiende al niño?

5. ¿Le dejas moretones u otras marcas a tu niño cuando se porta mal?

6. ¿Te molesta el entrenamiento de bacinilla?

7. ¿Tu pareja a veces maltrata a los niños y tú tienes miedo de decir algo?

8. ¿Algunas veces te atrae sexualmente tu criatura?

9. ¿Sientes alivio cuando le gritas a tu criatura?

10. ¿Te enfurece que tu niño llore y grite?

11. Cuando tu criatura se porta mal, ¿te hace recordar tu infancia y niñez?

12. ¿Es tu niño distinto a otros?

13. ¿Castigas a tu niño por accidentes de inodoro?

14. ¿Dejas a tu criatura sola alguna vez cuando sabes que no debes hacerlo?

15. Si pudieras poner a tu criatura en otras manos, sin interrogaciones, ¿lo harías?

16. Cuando eras niña/niño, ¿te maltrataron física o mentalmente alguna vez?

17. ¿Usas drogas o alcohol para sentirte mejor?

Mead da esta prueba a los padres y luego suma los "sí" que pueden contestar. Según él, todas las madres y todos los padres contestan "sí" por lo menos a una pregunta.

Los mismos pueden ser madres y padres amorosos "normales" que se descontrolan ocasionalmente. También piensa Mead que los que contestan "sí" a cuatro o cinco preguntas pueden tener un nivel más alto de frustración u hostilidad. Insta él a estas personas a procurarse asistencia profesional.

Si hay seis o más "sí" en las respuestas, Mead recomienda consejería profesional para los padres. Igualmente, recomienda de manera enfática que los niños pasen unas vacaciones con la abuelita u otro pariente o amigo cariñoso mientras los padres están en consejería. No se trata necesariamente de padres malos, pero su nivel de frustración es tal que ha sobrepasado sus habilidades para bregar con la situación. Necesitan ayuda.

Asistencia o auxilio para padres maltratadores

En casi todos los confines de Estados Unidos hay disponibilidad de ayuda para padres que maltratan a sus hijos o consideran que están al borde de hacerlo. Uno de los mejores recursos es Parents Anonymous (PA). La organización la empezó hace más de treinta años una madre maltratadora. Con algo de ayuda por parte de un consejero profesional, ella y otros padres que maltrataban a sus hijos empezaron a reunirse para dialogar y apoyarse los unos a los otros.

Hoy en día existen más de 800 capítulos de Parents Anonymous en Estados Unidos y Canadá. Te puedes comunicar con cualquiera de estos grupos a cualquier hora del día o de la noche. Puedes buscar el número en una guía telefónica local o si no, puedes llamar a la oficina nacional, al 909/621-6184. Sigues las instrucciones que te dan en ese teléfono para llegar al recurso de tu área.

Los miembros de PA se reúnen en grupos pequeños con un patrocinador profesional. Comparten la confusión y la furia con las que luchan. Se apoyan y se dan ánimo para buscar maneras positivs de enfrentar la labor de la crianza.

Aparentemente, PA da resultados. Algunos evaluadores independientes han encontrado que el matrato físico y mental por lo general se acaba durante el primer mes de la participación de los padres en el grupo.

La Mental Health Association (organización de salud mental) de tu condado (distrito) o de tu estado probablemente te puede dar números telefónicos para programas de consejería en la comunidad.

Tras compartir las sugerencias anteriores, Mead añadió: "Si has probado todas las ideas antes mencionadas y no estás satisfecha/o, llama a For Kids Sake, Inc., 951/600.0158, 24 horas al día. Haremos lo posible por ayudarte a encontrar ayuda en tu área".

Si tienes que buscar ayuda, hazlo ahora antes de que la situación empeore. Los padres maltratadores producen cicatrices físicas y emocionales que pueden durar toda la vida del niño. Los verdugones y moretones pueden desaparecer, pero el daño sicológico permanece para atormentarlo.

Le encanta estar con su abuelito

14

Cuando los abuelos ayudan a disciplinar

- **Compartir la responsabilidad de disciplinar**
- **No te ven como encargada principal**
- **Reglas diferentes confunden al niño**
- **Compartir una casa recargada o bulliciosa**
- **Las comidas con los párvulos**
- **Lo que se puede hacer**
- **El efecto de responsabilizarse**

Es bien difícil vivir en casa. Malcrían a Janet. Yo no quería que eso ocurriera, pero está ocurriendo. Mi mamá la deja meterse en todo. Durante el día le digo "no". Después, cuando regreso a casa y mi mamá la ha cuidado, está horriblemente consentida.

Candi, 16 – Janet, 18 meses

Aquí vivimos muchos – yo, mis dos hijos, mi abuelo, mi mamá, mi hermana y las dos hijas de ella, todos vivimos aquí. Si yo pudiera vivir sola con mis niños, creo que los podría disciplinar mucho mejor.

Mi mamá siempre consiente

a Ricardo – según ella, él nunca hace nada malo. Ella
se rinde ante él y es difícil hacer nada con él. Me parece
que yo consiento a Raúl. Todo el mundo lo dice.

Evangelina, 18 – Ricardo, 3½; Raúl, 27 meses

Compartir la responsabilidad de disciplinar

Vivir con padres y abuelos puede ser glorioso para una
criatura si eso significa que hay más personas que la quieren
y atienden. Puede sentir confianza y seguridad en sí misma y
tener un magnífico ambiente para desarrollarse y aprender.

Si resides con tu familia o la de tu pareja, también significa
que hay más personas que tratan con el comportamiento de tu
niño o niña. Tienes que compartir tus ideas sobre la crianza y
llegar a algún acuerdo con tu familia en cuanto a la disciplina.

Pídeles que lean algunos libros o folletos que te han
parecido útiles. Tal vez hasta podrías compartir este libro
con ellos.

Otros parientes posiblemente apoyarán tus ideas disciplinarias si tú te responsabilizas por el cuidado del niño. Pero si
la abuelita hace de niñera con frecuencia y el abuelito proporciona cierta ayuda económica, van a sentirse con derecho a
involucrarse en la crianza de tu hijo o hija.

Ryan y yo vivimos con mis padres los primeros tres
años. Mis padres me caían encima por yo tanto caerle
encima a él, aunque se molestaban por las cosas que él
hacía—lo cual me hacía a mí caerle encima más.

Aun ahora, cuando los visito, mis padres le dicen a
Ryan "sí" después que yo le he dicho "no". Yo por fin
he llegado al punto en que los puedo mirar a los ojos
y decirles: "Yo le dije 'no' por este motivo". Ahora
podemos irnos a mi casa si mi papá dice: "Ésta es mi
casa y él hace lo que yo digo".

Cuando vivía allá, no podía yo hacer gran cosa [al
respecto].

Kristin, 23 – Ryan, 8; Tiana, 4

Tus padres opinan que ellos ya saben cómo se debe disciplinar a un niño. Aunque no se consideren expertos, saben que tienen más experiencia que tú. Después de todo, ya ellos criaron a una familia.

También pueden creer que al permitir que se le dé más libertad a tu hijo habrá más problemas para ellos. A lo mejor se sienten tranquilos sólo cuando tu pequeño queda relegado a un área relativamente reducida o un corralito. Tal vez recuerdan accidentes en que te viste envuelta tú. Les preocupa que tu niño se vaya a lesionar durante sus despreocupadas exploraciones.

Podría ser que se preocupen por las travesuras que hará y el desastre que van a tener que limpiar. Quizás se preocupan por lo que pueden romper o llevarse y perder. Poner la casa a prueba de niños por completo puede ser imposible cuando hay niños mayores en casa.

A lo mejor te parece que a tu niño se le restringe innecesariamente. Cuando tratas de explicar esto a tus padres, te puede parecer que no llegas a ninguna parte.

Si no quieres recurrir a los azotes como método de disciplinar a tu niño, tal vez tengas quejas por parte de tu familia extensa:

> *La cosa está cambiando ahora que Shelly está más grandecita y tiene su propia personalidad. Cuando hace algo malo, mi mamá y mis hermanas le pegan en la mano. O cuando hace algo, me dicen a mí: "pégale" y yo les digo: "¿por qué?" A mí eso no me parece correcto cuando ella ni siquiera sabía que estaba haciendo nada malo.*
>
> *Si hace algo mal, yo quiero explicarle lo que es. No quiero darle en la manito como ellas me dicen. Según ellas, yo soy demasiado tranquila con ella y más adelante va a hacer lo que le da la gana conmigo.*
>
> Dixie, 18 – Shelly, 17 meses

Por otro lado, puede ser que tú consideres que tus padres

son muy indulgentes. Le dan todo lo que quiere y no apoyan tus esfuerzos para establecer límites y mantenerlos.

Cuando nació Leesha vivíamos donde mi mamá. Todo el mundo disciplinaba a Leesha y la criatura estaba muy consentida. Si alguien le gritaba, corría donde otro. Con Manuel, estamos por nuestra propia cuenta y hacemos lo que consideramos que es lo mejor. Esto funciona muchísimo mejor.

                                   Kambria, 19 – Leesha, 5; Manuel, 14 meses

No te ven como encargada principal

Me es difícil disciplinar a Víctor porque vivo con mis padres y todo lo que hago está mal. Si pudiera, no estaría aquí, pero no tengo adonde ir. Ni siquiera le puedo decir "no" a Víctor porque a espaldas mías lo dejan hacer lo que él quiere.

La verdad es que nunca he disciplinado a Víctor, excepto tal vez en la escuela. Mi papá lo ve como de él, no como hijo mío. Ojalá pudiera sentarme y decirles a mis padres lo que siento. Sé que quieren a Víctor, pero soy yo quien debe disciplinarlo.

Realmente, no siente como que es mi hijo. Sólo porque yo fui quien lo dio a luz, él no siente que es mío. Por ejemplo, si tiene puesta ropa que a ellos no les gusta, se la cambian. Si yo le estoy dando comida, ellos se la llevan y le dan de comer alguna cosa distinta. Es un problema.

                                              Raylene, 18 – Víctor, 2

A menudo es difícil que los abuelos reconozcan que la madre es la encargada principal del niño si reside en casa de ellos. Probablemente tú aún dependes de tus padres para muchas cosas y puede ser que ellos consideren que tú y tu niño son responsabilidad de ellos.

Cuando otros miembros de la familia también disciplinan, hay que llegar a un acuerdo sobre lo que se le permite a la niña. Habrá mucha confusión si abuelita le pega en la manito por tocar un florero de cerámica, tía Susan, de ocho años, le pega por agarrar la muñeca de ella, y tío Joe, de catorce años, se ríe por todo lo que hace.

Reglas diferentes confunden al niño

Vanessa está bien consentida y es difícil disciplinar-la. Cuando estamos solas, ella me hace caso, pero en presencia de otros, se descontrola. Yo vivo aquí con el papá de ella y mi suegra. Vanessa no le hace caso a mi suegra porque la abuela la consiente. Siempre deja que Vanessa haga lo que le da la gana.

René, 18 – Vanessa, 19 meses; Shavone, 1 mes

Para tu niña es difícil aceptar o hasta reconocer límites cuando cada persona que la atiende impone distintas reglas. Cuando el comportamiento que se espera varía tanto, ella tiene que probar los límites con frecuencia. Va a parecer indisciplinada y malcriada.

Ciertos abuelos consideran que tienen el derecho de consentir a su nieto un poquito y que le toca a la madre (o al padre) disciplinarlo. Tal vez piensan que permitiéndole hacer lo que quiere se aseguran el cariño del niño. A lo mejor ni siquiera se dan cuenta de la confusión que crean en la mente del niño cuando contradicen a la madre o al padre.

Si los miembros de la familia no llegan a un acuerdo sobre cómo manejar la disciplina, el niño aprende a ser manipulador. Tiende a acercarse a la persona con más probabilidad de darle la respuesta deseada. Si no le gusta, lo intenta con alguien más.

Hay quienes consideran que este comportamiento de los pequeños es gracioso, pero no será lo mismo cuando el niño sea mayorcito.

Compartir una casa recargada o bulliciosa

Ciertos padres jóvenes y su niño tienen que vivir en casas abarrotadas hasta que tengan la capacidad económica de estar por su cuenta.

A veces a una niña pequeña se le dificulta adaptarse a una casa recargada de actividad. A lo mejor hay poco espacio para los juguetes y los juegos. Cualquier actividad puede verse interrumpida o desalentada. Es una situación frustrante que le dificulta el aprendizaje.

Si no puede concentrarse en lo que le interesa, tu niña va a estar inquieta. A lo mejor hace muchas travesuras. Puede ser que parezca malcriada e indisciplinada. Los horarios interrumpidos para comer y dormir pueden empeorar las cosas.

Con otro niño en la casa se acrecienta el problema. El otro niño puede resentir que haya otro párvulo en casa. Si el espacio es reducido, el párvulo probablemente se mete con sus cosas y puede romperlas.

Discute estos problemas con los otros miembros de la familia. Tal vez pueden encontrar soluciones. Tal vez no es nada fácil, pero con cooperación, ¿podrías acomodar algo de espacio especialmente para tu párvulo? De esa manera tal vez todos pueden llegar a un acuerdo sobre estrategias disciplinarias. Con su propio espacio para jugar, es menos probable que moleste al niño mayorcito.

Las comidas con los párvulos

Problema

Ricardo y Raúl no son de comer bien. Siempre andan corriendo de un lado a otro. Yo les hago almuerzo pero no me siento a obligarlos comer. Usualmente comen como una hora antes de la cena y luego en la cena comen un poquito. Entonces vuelven a sus carreras.

Mi mamá dice que deben sentarse y comer. Dice que yo estoy matando de hambre a mis chiquillos pero a mí me parece que ellos comen lo que quieren. No es que todos comamos a la misma hora o nos sentemos a la mesa y comamos juntos. Unos se sientan a esta mesa y otros van a otra. No nos sentamos todos juntos para la cena.

Evangelina

¿Qué comen una hora antes de la cena? Si les das otra merienda, no van a tener hambre a la hora de la cena. Si no les das algo, van a estar inquietos e irritables. Lo mejor podría ser servirles parte de la cena ahora. Unas cuantas legumbres crudas o apenas cocinadas en el microondas pueden quitarles el hambre por un rato.

Aunque es agradable que todos se sienten a comer juntos y disfruten de la presencia de unos y otros, esto sencillamente no es posible para muchas familias. Si tú y tu familia no cenan juntos, tal vez tú puedes esforzarte por comer parte de la cena con tus hijos. Casi todos los párvulos comen mejor cuando están acompañados.

A menudo un párvulo es caprichoso para comer y tiene muy poco apetito. Necesita estructura a la hora de comer para poder concentrarse en la tarea de ingerir los alimentos. Trata de darle la cena más o menos a la misma hora todos los días. Busca un lugar cómodo, apropiado para su tamaño pequeño, a fin de que coma. Es de esperarse, si estás con él a la hora de comer, que le hables y le des ánimo para que disfrute de su comida y coma un poquito mejor.

Los abuelos y otros miembros de la familia a lo mejor tienen otras opiniones acerca de cómo y cuándo se le debe dar de comer a un párvulo. Los hábitos desaliñados que tiene para comer, lo poco que come y lo mucho que parece que se desperdicia pueden crear problemas en la familia. Muchos abuelos han vivido épocas difíciles, algunos con presupuestos muy apretados. La comida desperdiciada les puede resultar realmente intolerable.

Otros pueden pensar con toda sinceridad que el niño está malnutrido y se le debe forzar a comer más. Los padres y los abuelos tienen que escucharse mutuamente.

Si la nutrición es algo que preocupa, escribe todo lo que come el párvulo durante una semana. El récord puede demostrar que está comiendo lo suficiente. También es posible que el récord sugiera ciertos cambios en su dieta.

Lo que se puede hacer

Tratar de criar a un párvulo en casa de tus padres puede ser difícil, pero no tienes que abandonar tus responsabilidades de crianza. Puedes hacer varias cosas.

Lo primero, trata de limitar tus quejas. Tal vez no aprecies siempre lo que hacen otros miembros de la familia, pero si realmente no es importante, olvídalo. Pero si te parece que algo anda mal, pídeles que dejen de hacerlo. Diles lo que quieres que hagan en vez de lo que están haciendo. Por ejemplo: "Mi médico cree que Joey no debe comer, galletas de dulce. Yo compré galletas de sal. Puede comer de estas de sal como golosina, no de las de dulce".

Mantén una actitud positiva. Diles a tus padres cómo quieres que traten a tu hijo. Alábalos cuando te gusta lo que hacen. Dales las gracias por la ayuda extra. Es más probable que tus padres cooperen y proporcionen la ayuda que tú quieres y necesitas si sienten que aprecias su ayuda.

Conversa con ellos a menudo sobre tus ideas relativas a la crianza. Igualmente, escucha los puntos de vista de ellos. Muéstrales artículos de revistas o libros que tratan de la disciplina, cosas que te parezcan buenas. Trabaja con ellos para llegar a algún arreglo sobre la disciplina. Esto es mucho mejor para tu niño que escuchar constantemente discusiones entre la gente que ocupa un lugar importante en su vida.

El efecto de responsabilizarse

Si tus padres saben que tú estás ansiosa por responsabilizarte de la crianza de tu hijo, y tú te estás esforzando de la mejor manera posible por hacerlo, seguramente que van a estar más de acuerdo para seguir tus deseos disciplinarios.

A veces mis padres nos dicen qué hacer con Dustin. Casi siempre concordamos mutuamente en lo que queremos hacer. Si es algo diferente de lo que mi mamá y mi papá o la mamá y el papá de ella quieren, nosotros nos acercamos a ellos y les decimos: "Nosotros sabemos

*que ustedes lo cuidan, lo disciplinan, pero queremos
que hagan tal cosa cuando hace tal cosa" y ellos dicen:
"Está bien".*

*Por ejemplo, las mamilas. Cuando le quitamos la
mamila, se la quitamos y se acabó. Las echamos a la basura. Entonces mi papá le compró otra mamila. Mi papá
dijo: "Éste es mi nieto y le doy una mamila si quiero".*

*Nosotros le dijimos: "Éste es nuestro hijo. ¿Lo
quiere cuidar como nosotros queremos, o quiere que lo
llevemos a otra parte?" Desde ese momento ha
respetado nuestros deseos.*

*Casi siempre llegamos a un acuerdo. Una vez que es-
tamos de acuerdo en que algo es en beneficio de Dustin,
entonces está bien. A veces son ellos quienes explican
por qué quieren hacer algo de modo diferente y a veces
nosotros concordamos con ellos.*

Mark, 22 – Dustin, 21/2

Mark y su familia viven por su cuenta. Cuando los padres
no residen en la casa de los abuelos, los problemas que causan
las distintas filosofías de crianza por lo general se pueden solu-
cionar más fácilmente. Existe menos presión en las relaciones.

Si los padres y los abuelos pueden compartir, de manera
franca y sin crítica, sus opiniones sobre la crianza, todos se
benefician. Aunque las relaciones entre una familia extensa
pueden ser exasperantes, son valiosas y vale la pena
acomodarlas.

Los abuelos a menudo proporcionan valioso apoyo para
los padres adolescentes y sus niños. Con este apoyo, la joven
familia tendrá más capacidad para lograr vivir independientemente, lo que probablemente preferirían.

Si tú te encuentras en esta situación, los abuelos y otros
miembros de la famiia extensa pueden proporcionar una
sensación de mayor seguridad para ti y para tu hijo. Tu niño
tiene consciencia de que hay mucha gente que lo cuida y se
preocupa por él. *De veras que es un niño afortunado.*

Es una criatura activa y curiosa que quiere complacerte.

15

Diez estrategias
que dan resultado

- Estrategias, castigo no
- Di "no" muy pocas veces
- El autocontrol
  se desarrolla
- Usa acercamiento
  positivo
- Distráela
- Comunicación y respeto
- Estilo de vida consistente
  y equilibrado
- Dale opciones
- Refuerza comportamien-
  tos que te agradan
- Anuncia antes de cambiar
  de actividad
- Una pausa puede ser útil
- Proporciona recompensa
- Desarrolla estrategias

Ahorita lo que hago es aga-
rrar a Robin y llevarla a otro
lado si se mete con algo que no
quiero. La meto en otro lado de
la casa, o le quito el objeto y lo
coloco bien alto.

Melinda, 15 – Robin, 9 meses

Hasta ahora sólo ha tenido
un par de pataletas. La ala-
bamos mucho cuando se porta
bien. Eso sucede muchísimas
veces y nosotros tratamos de
reforzarlo.

Somos bastante consis-
tentes. Ella quiere ser una niña
bien portada. Me parece que
gran parte de eso es atención.

Cuando les prestas mucha atención, ellos no tienen que portarse mal.

John, 21 – Mandi, 22 meses

Estrategias, castigo no

En este libro hemos enfocado estrategias que te ayudarán a ayudar a que tu niño se comporte de manera positiva. Hemos hecho énfasis en que las estrategias de disciplina, no los castigos, serán más eficaces.

Esas estrategias te ayudarán a alcanzar tu meta de ayudar a que tu niño sea un ser humano atento, cariñoso y disciplinado cuando crezca. Muchas de ellas se han tratado anteriormente. Hemos seleccionado diez de las estrategias más importantes para enfatizar en este capítulo. Las enumeramos como instrumentos de ayuda en esta difícil tarea:

1. Di "no" muy pocas veces.
2. Usa acercamiento positivo.
3. Distráela.
4. Comunicación y respeto.
5. Estilo de vida consistente y equilibrado.
6. Dale opciones.
7. Refuerza comportamientos que te agradan.
8. Anuncia antes de cambiar de actividad.
9. Una pausa puede ser útil.
10. Proporciona recompensa.

Estrategia 1: Di "no" muy pocas veces

"No" es una palabra importante en la disciplina. Es tan valiosa que no se debe emplear muy libremente. Tu meta al decir "no" es que tu niña reaccione, que deje de hacer lo que está haciendo. Si escucha "no" cada dos minutos el día entero, no va a responder.

Si escucha "no" sólo unas cuantas veces al día, y el tono de voz es de que lo digo de veras, va aprender a reaccionar y obedecer. Eso es lo que tú quieres.

Ponte a prueba tú misma. Durante un día, anota todas las veces que le dices "no" a tu niño. Anota también las razones que te han hecho decirlo.

Al fin del día, fíjate en tu récord. ¿Dijiste "no" muchas veces? Cada vez que lo dijiste, ¿hiciste que dejara de hacer lo que estaba haciendo?

¿Hubo situaciones que te hicieron decir "no" hoy pero que ayer no te parecieron importanes? A lo mejor el comportamiento te pareció jocoso la vez pasada. Tal vez tu récord muestre ciertos resultados interesantes.

Cuando dices "no" estableces un límite que tiene que mantenerse. Antes de hacerlo, piensa en las razones: ¿Es frágil el objeto? ¿Es propiedad de otra persona? ¿Es peligrosa la actividad? No lo digas si no tienes que decirlo.

Tal vez dijiste "no" poque alguien sugirió que lo hicieras. Ese "no" puede ser mucho más difícil de mantener porque a lo mejor tú no crees lo que dices.

Debes ser consistente. Una vez que un comportamiento requiere un "no" siempre debe requerirlo. Si no, le das alas para que ponga a prueba todo "no" que oye. Si una actividad prohibida es correr hacia la calle, no te va a ser difícil ser consistente. Siempre vas a reaccionar del mismo modo.

Por otro lado, si no consideras que la actividad prohibida es lo suficientemente importante para darle seguimiento, no empieces diciendo "no".

> *Me pregunta si puede tomar un jugo o una paleta. Le digo que "no" porque no está bien antes de la cena. Se va a la refrigeradora y se sirve jugo de todas maneras y dice: "lo quiero, lo tengo".*
>
> *Es bien difícil. A veces se lo quitamos y le decimos: "no, no puedes tomarlo". Otras ves, si la miras a la cara cuando lo dice, no puedes más que reírte.*
>
> Cathi, 18 – Susie, 34 meses

Reírse de una actividad hoy y luego prohibirla mañana es confuso para la criatura.

Si Cathi no quiere que Susie tome jugo, tiene que impedirle que lo tome. Si decide que el jugo no presenta problema, debe ser consistente y permitirle a Susie que lo tome cuando lo quiera.

Di "no" sólo cuando tiene la probabilidad de surtir efecto. Si tu párvulo está al otro lado de la habitación, ocupado en alguna actividad, probablemente no va a responder a un simple "no". Es mucho más eficaz alejarlo de la actividad que gritarle un "no".

El autocontrol todavía está en desarrollo

Si Marty está haciendo algo que no quiero que haga y le digo "no", me mira con la mano en dirección al objeto que le dije que no toque.

Me mira como retándome...como si dijera: "Ah, mami, ¿tú me vas a decir qué hacer?"

Yumiko, 16 – Marty, 21 meses

A veces un bebé que gatea o aun un parvulillo se dirige a un objeto prohibido al tiempo que dice "no, no, no" y sigue andando. Hasta puede que chequee por si su mami está observando. Puede ser que recuerde que se supone que no lo toque. Pero a esta temprana edad no siempre puede controlar su impulso por hacer algo que quiere.

Ciertos estudios muestran que la bebé que tiene mucha libertad para investigar su casa puede controlar su comportamiento mejor que la bebé cuyos padres le dicen constantemente lo que tiene que hacer y le restringen la exploración. La verdad es que una bebé a quien se le dice "no" a menudo se mete en más problemas que una cuyos cuidadores ponen la casa a prueba de niños para que pueda explorar con menos restricciones.

Estrategia 2: Usa acercamiento positivo

Ya tú sabes que si dices "no" con menos frecuencia obtienes mejores resultados. Esto no quiere decir que lo dejas hacer lo que quiera en todo momento.

¿Cómo le das ánimo a tu párvulo para que haga lo que tú quieres? El primer problema es que te preste atención:

> *De veras que me molesta cuando ella dice "no" y no hace lo que yo le digo – especialmente cuando yo sé que ella sabe exactameante lo que yo quiero. No me mira – sólo se sienta y no hace lo que le digo.*
>
> John

Lo primero que tienes que hacer es que te preste atención. Ponte al nivel de ella y establece contacto visual antes de decirle lo que quieres que haga. Así probablemente te preste más atención y entienda lo que le dices. Recuerda que también recibe información de tu lenguaje corporal, o sea, tus gestos.

Cuando le hablas, dale órdenes positivas en vez de negativas. Dile lo que debe hacer en vez de lo que no debe hacer. En vez de decirle: "No toques el florero" prueba con: "El florero tiene que estar en la mesa". En vez de: "Deja de tirar de la cola del gato", prueba con: "Vamos a acariciar al gatito bien suavemente".

También vas a notar que "tienes que . . ." y "no puedes . . ." son dos frases que a menudo dan resultados con los niños. Dan instrucciones claras sin amenaza.

Cuando le ayudas con paciencia a entender cómo esperas que se comporte, le estás ayudando a enterarse de tus expectativas en cuanto al comportamiento de ella. Esto es una parte importante de la disciplina.

Los párvulos con frecuencia se resisten a seguir instrucciones cuando están cansados. Son muy activos y se cansan rápidamente. Un simple cansancio puede ser la raíz de muchos problemas disciplinarios. Reconocer este hecho y ajustar tus expectativas puede facilitarle la vida a todo el mundo.

Estrategia 3: Distráela

> *Me pasaba levantándome y quitándole las cosas a Casey. Trato de ocuparlo con alguna otra cosa, caminar*

por ahí con él o sacarlo de la casa.
No creo que dar nalgadas y pegar en las manitos es
correcto. Son sólo curiosos y no saben realmente qué
pueden y qué no pueden [hacer]. Sólo tratan de
explorarlo todo.
Nosotros no tenemos corralito. Me parece que
aprende mejor cuando puede explorar.

Charity, 17 – Casey, 18 meses

Cuando la distraes de una actividad indeseada con algo diferente para que juegue, a menudo lo puedes hacer sin decir para nada la palabra "no".

"Aquí está tu pelota. ¿La puedes hacer rodar hasta donde estoy yo?" da mejores resultados que decirle a una criatura de nueve meses: "no, no hagas eso". Al ofrecer opciones, le estás diciendo lo que puede hacer.

Alejarla de las cosas que no puede tocar y acercarla a los juguetes con los que sí puede jugar es mucho más eficaz que decir "no".

Estrategia 4: Comunicación y respeto

Crea una relación basada en comunicación y respeto. Sé amiga o amigo de tu niño lo mismo que madre o padre. Trata de que las rutinas diarias le sean divertidas.

A la hora de comer, dile cosas sobre lo que come. Habla del color y la textura y dialoga sobre lo que siente él.

Así le dices que todas las cosas que haces por él van más allá de un deber que debes cumplir. Son cosas que haces porque te preocupas por él y por cómo se siente.

Juega con tu bebé. Cuando pequeñito, pueden ser cosas muy sencillas como las hurtadillas o te veo y no me ves. Más adelante va a apreciar tu ayuda al aprender a apilar bloques y armar fáciles rompecabezas de cartón.

Jugar con títeres sencillos también es divertido para los pequeñitos. Asimismo, puede ser una magnífica ayuda para la comunicación. A muchos niños les gusta hablarles a los títeres.

La disciplina durante la niñez va a ser más fácil si tú y tu niño se pueden comunicar con facilidad. El momento de empezar es ya mismo.

Estrategia 5: Estilo de vida consistente y equilibrado

Trata de mantener un horario básico. Los niños pequeños necesitan consistencia y equilibrio en sus vidas. Por lo general comen mejor y se duermen más fácilmente si estos eventos tienen lugar más o menos a la misma hora todos los días. Si tu párvulo está bien alimentado y descansado, será mucho más

La comunicación y el respeto son importantes estrategias de disciplina.

fácil de tratar.

Además, es una buena idea equilibrar el juego activo con el juego tranquilo. Demasiado juego activo puede cansarlo o estimularlo demasiado. Su comportamiento se puede hacer absurdo y un tanto destructivo. Pero sentarse mucho rato también es duro. Necesita mover sus músculos y explorar. Podrá enfrentar las cosas mejor si hay equilibrio en las actividades.

Estrategia 6: Dale opciones

Dale opciones cada vez que puedas. "Es hora del baño. ¿Lo quieres en la bañera o en la ducha?" puede hacerlo cooperar más rápidamente que una orden: "Báñate ya". Con decirle: "¿Quieres tu almuerzo al aire libre o en la silla alta?" puede dejar el juego de la mañana más gustosamente que con la orden: "Ven a comer ahora mismo".

Cuando le das opciones, le das la sensación de control sobre su entorno y un sentido de competencia. Esto significa que es menos probable que te desafíe.

Las opciones deben ser sencillas. Aún así, se le puede dificultar quedarse con la opción elegida. Por ejemplo, si le preguntas si quiere jugo de manzana o leche a la hora de la merienda, puede ser que diga leche. Después se puede irritar mucho si no le dan jugo. Permítele que cambie de parecer. Eso está bien.

Las opciones que le das deben ser posibles. No le preguntes: "¿Quieres acostarte ahora?" si ya has decidido que tiene que acostarse. Señala el reloj y dile: "Es hora de acostarte. ¿Qué cuento quieres que te lea?"

Estrategia 7: Refuerza comportamientos que te agradan

Reforzar el buen comportamiento es parte importante de la disciplina. Si cuando el niño está jugando tranquilito lo ignoras, no refuerzas su comportamiento. En cambio, debes unirte a su juego o hablarle de lo que está haciendo. Por ejemplo, dile: "Me gusta la manera en que apilaste esos bloques". O siéntate callada y míralo jugar.

Los párvulos necesitan muchísima atención. La atención positiva de las personas importantes para él hacen que el aprendizaje tenga más sentido y sea más importante. Los elogios dan mucho mejor resultado que los castigos.

Si es objeto de tu atención y compañía cuando se comporta como tú quieres que se comporte, probablemente continuará haciendo las cosas que atraen esa atención tuya que tanto anhela. Si parece como que le prestas atención por comportarse mal, probablemente se comportará mal con más frecuencia.

Estrategia 8: Anuncia antes de cambiar de actividad

A muchos niños pequeños se les dificulta cambiar de actividad. Se adentran mucho en lo que están haciendo y les es difícil parar. Trata de anunciarle un poquito antes cuando quieres que cambie de actividad. Así sabe que su juego se va a interrumpir y puede empezar a pensar en lo que va a suceder después.

Esto le ayudará a aprender a anticipar y planear por adelantado. Le parecerá que tiene control y la transición de una actividad a la otra será más fácil para ambos.

Tu bebé también se sentirá mejor si le ofreces la misma consideración. Cuando está en el suelo, acércate hasta que hagas contacto visual. Entonces dile unas cuantas palabras antes de levantarla y llevarla contigo. Seguramente tiene que ser sorpresivo y hasta un poquito aterrador que lo levanten a uno y lo lleven a otro lado sin el menor anuncio.

Estrategia 9: Una pausa puede ser útil

"Pausa" lejos de estrés o demasiado estímulo es un respiro. Es momento de restaurarse para tratar los problemas que uno tiene que enfrentar en la vida. Ésta es una idea saludable para cualquier persona.

Un bebecito, en esencia, al inquietarse o llorar pide tregua cuando su entorno inmediato se hace muy estresado. Demasiada emoción o demasiado estímulo es algo difícil para un niño pequeño. Una madre puede sentir esta necesidad. Al tomar en brazos al bebé, instintivamente puede cubrirlo como para resguardarlo de la fuente del estímulo.

Una pausa puede funcionar también con un párvulo. Lo que es emocionante para uno puede ser estresante o demasiado estimulante para otro. El temperamento juega también un papel importante. Muy poca actividad también puede ser estresante. Si un párvulo tiene que esperar, va a buscar actividad y puede hacerse muy difícil de tratar.

El párvulo puede expresar su inconformidad con inquietud o llanto, o puede "hacer un papelón" y portarse mal. Golpear, morder, arrojar juguetes u otros objetos pueden ser indicaciones de que la criatura ha perdido el control de su comportamiento y puede necesitar ayuda para recuperarlo.

Una pausa con un párvulo o un niño pequeño no se debe hacer de la manera usual. Aislar a tu niña, sentarla en una esquina, probablemente va a provocar más incomodidad y demasiado estímulo. En vez de eso, ayúdala a recuperar su control con descanso, con una actividad tranquila como mirar un libro.

La meta no es castigar a la criatura sino ayudarla o apoyarla para que pueda recuperar el control.

Tal vez al crecer, ella misma se dará cuenta de que necesita descanso y relajación. Es probable que esto ocurra si la pausa ha sido una experiencia positiva para ella y no se ha utilizado para castigarla o avergonzarla.

Estrategia 10: Proporciona recompensa

Una recompensa por un comportamiento determinado debe ocurrir como resultado natural de tal comportamiento. Por ejemplo, dile que si te ayuda a recoger los juguetes tú vas a tener tiempo para leerle un cuento.

*Si no me le acerco de manera positiva –dábamos
muchas vueltas para peinarla. Prácticamente tenía que
obligarla a la fuerza – pero si le digo: "Aquí tienes un
broche nuevo" o "Tu papá está por llegar y quieres que
te vea bonita", se me sienta en el regazo tranquilita y
yo la peino. A ella le gustan los elogios, como a todo el
mundo.*

Jodi, 19 – Bedelia, 26 meses

Buscar maneras de ayudar a tu niño a que quiera cooperar
es mucho más lógico que proponerse demostrar quién manda.
A todo el mundo le gustan los elogios. ¡Qué manera tan lógica
de ganarte la cooperación de tu párvulo!

Muchas veces la mejor recompensa es decirle que hizo algo
muy bien y que te sientes orgullosa de él. Esto es mucho más
significativo que decirle que es un niño bueno.

Al reconocer su habilidad para hacer una determinada tarea
y hacerla bien, le ayudas a sentirse competente. Se sentirá
capaz de aprender aun más.

Problema

*Si estamos en el centro comercial, siempre quiere ir a
Burger King. Le encanta Burger King y si no vamos allí,
se sienta en medio del camino y grita. Eso me frustra.*

*A veces, si tengo el dinero entramos porque la mitad
de las veces vamos al fin y al cabo. Otras veces la hago
levantar y no le queda más que llorar. Yo le digo que
deje de llorar. Es muy vergonzoso.*

LaToya, 20 – LaShan, 3

Si una visita a Burger King está en la agenda de todos
modos, tal vez la idea de un contrato podría hacer que ir de
compras sea más placentero para todos. Los contratos para las
cosas desagradables están bien. Demuestra que tú entiendes
cómo se siente la criatura, pero que sea como sea necesitas
su cooperación. Un obsequio al terminar una larga jornada de
compras, cuando ya está bien cansado, le ayuda a sentirse un

poco más en control, menos como carga.

Con un niño de por lo menos 2 años y medio, un contrato puede dar resultado. La idea es ayudar a que el niño entienda que si coopera y te ayuda, tú vas a hacer algo que a él le va a agradar. Esta idea funciona mejor con niños mayorcitos. A los muy pequeños se les dificulta esperar la recompensa.

Desarrolla estrategias

Es posible que se te ocurran otras estrategias que darán resultado con tu hijo. Emplear estrategias disciplinarias para ayudarle a comportarse apropiadamente hará que la crianza sea mucho más eficaz que hacer uso del castigo para forzarlo a acatar tus deseos. Con tus estrategias de disciplina, no sólo le ayudas a aprender control propio sino que sostienes su confianza en sí mismo. Le das respeto propio.

La disciplina no es fácil. Es una parte extremadamente importante y a menudo difícil de la crianza. Requiere una increíble cantidad de sentido común, paciencia y práctica. También requiere un profundo deseo de tu parte para ayudar a tu niño a aprender autodisciplina como primer paso para convertirse en adulto responsable e independiente.

La disciplina empieza con tu relación con tu hija. Has estado desarrollando esa relación desde que nació. Si tienes una buena relación, ella querrá complacerte tanto como tú la quieres complacer a ella. Tú quieres hacer cosas que la hagan sentir bien. Ella quiere hacer cosas que te hagan sentir bien a ti. Sobre todo, la buena disciplina requiere una interminable provisión de amor.

Bibliografía

La siguiente bibliografía contiene libros y otros recursos para adolescentes embarazadas y que crían a sus hijos. Muchos de estos títulos tienen cuadernos de trabajo y otras formas de ayuda para el salón de clases.

Los precios que se incluyen son de 2004. Pero como los precios cambian tan rápidamente y porque las editoriales se mudan, llama a la librería local, averigua con una librería en línea, o llama al departamento de referencia de la biblioteca para saber el precio actual. Si no puedes encontrar un determinado libro en tu librería, casi siempre lo puedes obtener directamente de la editorial. Incluye $3.50 por gastos de envío de cada libro. En la páginas 223-224 hay una hoja de pedidos para publicaciones de Morning Glory Press.

Anasar, Eleanor. *"You and Your Baby: Playing and Learning Together." "You and Your Baby: A Special Relationship."* 2001. *"You and Your Baby: The Toddler Years."* 2003. 32 págs. c/u. Versiones en inglés y en español. $2.65 c/u. Descuentos por cantidades grandes. The Corner Health Center, 47 North Huron Street, Ypsilanti, MI 48197. 734.484.3600.
Hermosísimas fotos de adolescentes con sus hijos cada dos páginas. Cada librito contiene información útil a un nivel de lectura sumamente fácil.

Beaglehole, Ruth. *Mama, listen! Raising a Child without Violence: A Handbook for Teen Parents.* 1998. 224 págs. $25. Curriculum Guide, $20. Ruth Beaglehole, 2126 Echo Park Ave., Los Angeles, CA 90026. 323.661.9123.
Un libro singular. Casi todo está escrito como en la voz de un párvulo, con explicaciones de lo que necesita de sus padres. Buena descripción de las necesidades emocionales de niños pequeños. Se recomienda una absoluta ausencia de violencia (no pegar ni dar nalgadas) por toda la obra.

Bjorklund, David F. *Parents Book of Discipline.* 1997. 272 págs. $5.98. Mass Market Paperback.
Hace énfasis en que la disciplina no es lo mismo que el castigo. Sino que es una de las maneras fundamentales que tienen los padres para enseñar a sus hijos a respetar a otros y respetarse a sí mismos.

Briggs, Dorothy C. *Your Child's Self-Esteem.* 1988. 368 págs. $13.95. Main Street Books.
Un libro clásico. Por medio de numerosas anécdotas sobre los niños, la autora discute el valor de la autoestima en una vida humana y la importancia del papel que juegan los padres en la formación de la autoestima en sus hijos.

Crary, Elizabeth. *365 Wacky, Wonderful Ways to Get Your Children to Do What You Want.* 1995. 104 págs. $9.95. Parenting Press, Inc., P.O.Box 75267, Seattle, WA 98125
Incluye cientos de ideas interesantes (y a veces estrafalarias) para resolver problemas comunes con niños pequeños.

_____. *Love and Limits: Guidance Tools for Creative Parenting.* 1994. 48 págs. $6.95. Parenting Press, Inc.
Muchas ideas útiles para ayudar a los padres a que sus hijos se porten bien.

_____. *Without Spanking or Spoiling: A Practical Approach to Toddler and Preschool Guidance.* 1993. 126 págs. $14.95. Parenting Press, Inc.
Este libro ofrece docenas de ejemplos y ejercicios para guiar a los padres en su búsqueda de los mejores métodos para satisfacer las necesidades de la familia.

Green, Christopher. *Toddler Taming.* 1999. $6.99. Random House.
Un libro excelente humorosamente escrito. Buena información práctica para padres de párvulos. Fácil lectura.

Lansky, Vicki. *Games Babies Play from Birth to Twelve Months.* 1993. 112 págs. $8.95. The Book Peddlers, 15245 Minnetonka Boulevard, Deephaven, MN 55345-1510. 1-800/255-3379.

Magnífica colección de actividades – 20-30 ideas para cada trimestre del primer año.

_____. *Getting Your Child to Sleep . . . and Back to Sleep.* 1991. 132 págs. $6.95. The Book Peddlers.
Una mina de sugerencias para tratar con bebés y niños pequeños que no duermen de la manera regular que quisieran los padres.

Leach, Penelope, y Jenny Matthews. *Your Baby and Child from Birth to Age Five.* Revisado, 2003. 560 págs. $25. Dorling Kindersley Pub. Ltd..
Un libro de absoluta belleza repleto de información, muchas fotos a color y hermosos dibujos. Guía comprensiva, autorizada y sumamente sensible para el cuidado y desarrollo de la criatura.

Lighter, Dawn. *Gentle Discipline: 50 Effective Techniques for Teaching Your Children Good Behavior.* 1995. 120 págs. $6. Meadowbrook Press, 18318 Minnetonka Boulevard, Deephaven, MN 55391.
La autora considera que enseñar a los niños el buen comportamiento es más fácil, más productivo y más agradable que el enfoque en castigar el mal comportamiento.

Lindsay, Jeanne Warren. *The Challenge of Toddlers* y *Your Baby's First Year* (En español: *El primer año del bebé* y *El reto de los párvulos*) (Teens Parenting Series). 2004. 224 págs. c/u. Rústica, $12.95 c/u; empastado, $18.95 c/u. Cuadernos de trabajo, $2.50 c/u. Morning Glory Press. 888.612.8254.
Libros prácticos especialmente para madres/padres adolescentes. Muchas citas de adolescentes que comparten sus experiencias. Juegos de tablero ($29.95 c/u), uno para cada uno de estos títulos, dan refuerzo al aprendizaje. También hay disponible una serie de 4 videos, **Your Baby's First Year.** *Para detallada guía del maestro, ver* **Challenge of Toddlers Comprehensive Curriculum Notebook** *y* **Nurturing Your Newborn/Your Baby's First Month Comprehensive Curriculum Notebooks.**

_____. *Teen Dads: Rights, Responsibilities and Joys* (Teens Parenting Series). 2001. 224 págs. $12.95. Guía del maestro, cuaderno de trabajo, $2.50 c/u. Morning Glory Press.
Libro práctico especialmente para papás adolescentes. Sugerencias para la crianza desde la concepción hasta los 3 años de la criatura. Muchas citas y fotos de papás adolescentes. Para información detallada para la enseñanza, ver **Teen Dads Comprehensive Curriculum Notebook.**

_____. *Teenage Couples –Caring, Commitment and Change: How to Build a Relationship that Lasts. Teenage Couples—Coping with Reality: Dealing with Money, In-laws, Babies and Other*

Details of Daily Life. 1995. 208, 192 págs. Rústica, $9.95 c/u; Empastado, $15.95 c/u; Cuaderno de trabajo, $2.50 c/u; guía de currículo, $19.95. Morning Glory Press.
La serie cubre tópicos importantes: comunicación, manejar las controversias, mantener viva la llama amorosa, relaciones sexuales, celos, alcoholismo y drogadicción, maltrato doméstico y divorcio; y también da detalles prácticos de la vida. Muchas citas de parejas de adolescentes.

_____ y Jean Brunelli. *Nurturing Your Newborn: Young Parent's Guide to Baby's First Month* (En español: *Crianza del recién nacido: Guía para el primer mes.*). (**Teens Parenting Series**) 2005. 64 págs. $6.95. Morning Glory.
Enfoca el período del posparto. Ideal para madres/padres adolescentes después del alumbramiento. Para mayor ayuda en enseñanza, ver **Nurturing Your Newborn/Your Baby's First Year Comprehensive Curriculum Notebook,** *en pág. 217.*

Maraceck, Mary. *Breaking Free from Partner Abuse.* 1999. 96 págs, $8.95. Descuento por cantidades grandes. Morning Glory Press.
Hermosa edición ilustrada por Jami Moffett. El mensaje de fondo es que quien lo lee no merece el maltrato. De escritura sencilla. Puede ayudar a una joven a escapar de una relación abusiva.

MELD Parenting Materials Nueva Familia: Seis libros en inglés y español. *Baby Is Here. Feeding Your Child, 5 months-2 years, Healthy Child, Sick Child. Safe Child and Emergencies. Baby Grows. Baby Plays.* 1992. $10 c/u. MELD, Suite 507, 123 North Third Street, Minneapolis, MN 55401. 612/332-7563.
Libros de muy fácil lectura repletos de información. Preparados especialmente para familias mexicanas y mexico-americanas, pero excelentes para cualquier persona de alfabetización limitada. Pedir a MELD catálogo de materiales para padres de edad escolar.

MELD (colaboración). *The Safe, Self-Confident Child.* 1997. $8.95. MELD.
Importante información sobre cómo proteger a los niños de peligros y maneras de ayudarles a mejorar su confianza en sí mismos.

Parent Express Series: *Parent Express: For You and Your Infant.* En español: *Noticias para los padres. Parent Express: For You and Your Toddler.* Cada boletín, 8 págs., $4 cada juego. ANR Publications, University of California, 6701 San Pablo Avenue, Oakland, CA 94608-1239. 510/642-2431.
Magnífica serie de boletines para padres. El primer juego, disponible en

inglés y español, empieza dos meses antes del alumbramiento y continúa mes por mes durante el primer año del bebé. El segundo juego, con doce cartas, cubre el segundo y el tercer año. Buen recurso para padres adolescentes. Hermosas fotos, fácil lectura.

Pollock, Sudie. *Will the Dollars Stretch? Teen Parents Living on Their Own.* 2001. 112 págs. $7.95. Guía del maestro, $2.50. Morning Glory Press.
Cinco narraciones breves sobre padres adolescentes que se van a vivir por su cuenta. Al leer, los estudiantes sentirán lo que es la pobreza que experimentan muchos padres adolescentes—al girar cheques y balancear la chequera de los jóvenes padres involucrados.

_____. *Moving On: Finding Information You Need for Living on Your Own.* (En español: *Seguir adelante: Cómo obtener la información necesaria para vivir por tu cuenta*). 2001. 48 págs. $4.95. 25/$75. Morning Glory Press.
Guía con espacios que llenar a fin de ayudar a jóvenes a buscar información acerca de lo que necesitan para vivir en la comunidad aparte de la casa de la familia.

Prothrow-Stith, M.D., Deborah, with Michaele Weissman. *Deadly Consequences: How Violence Is Destroying Our Teenage Population and a Plan to Begin Solving the Problem.* 1991. 270 págs. $13. HarperCollins.
El libro proporciona una manera de comprender la epidemia de violencia que está aniquilando a una generación de varones jóvenes, especialmente negros que viven en la pobreza, y ofrece estrategias para detener esta marejada.

Silberg Jackie. *Games to Play with Babies* y *Games to Play with Toddlers.* 2001. 256 págs. $14.95. Gryphon House, Inc. P.O. Box 207, Beltsville, MD 20704-0207. 800/638-0928.
Silberg divide los juegos para los primeros dos años en segmentos de tres meses y también por categorías tales como juegos para crecer y aprender, juegos en la cocina y juegos especiales para el apego.

Williams, Kelly. *Single Mamahood: Advice and Wisdom for the African American Single Mother.* 1998. 190 págs. $12. Carol Publishing Group, Enterprise Avenue, Secaucus, NJ 07094.
Guía práctica, de hermana a hermana. Ofrece sugerencias sobre cómo bregar con trabajo, escuela, mantención del menor, disciplina, salir otra vez y más.

Acerca de las autoras

Sally McCullough trabajó durante trece años en el Tracy Infant Center, 11 de los cuales como maestra principal. Éste es un centro modelo en el ABC Unified School District, Cerritos, California. También dirigió el Tracy Infant and Toddler Program for Children with Special Needs and Their Families durante esos años.

Anteriormente, Sally fue directora de la Nursery School Board, luego directora de la Encino Presbyterian Nursery School, en Encino, California.

Sally recibió grado de bachiller en sicología. Ella y Stuart tienen tres hijos adultos y cinco nietos.

Jeanne Warren Lindsay es autora de otros quince libros sobre el embarazo de adolescentes y adolescentes que crían a sus hijos. Desarrolló el Teen Parent Program en Tracy High School, Cerritos, California, y ha coordinado y enseñado en el programa durante dieciséis años. Continuó su asociación como consultora muchos años más. Actualmente, mantiene lazos con adolescentes por medio de entrevistas que hace para sus libros.

Ha hecho posgrados en antropología y ciencia de la familia y del consumidor. Ella y Bob tienen cinco hijos adultos y siete nietos.

ÍNDICE

Morning Glory Press
6595 San Haroldo Way, Buena Park, CA 90620
714.828.1998; 888.612.8254   Fax 714.828.2049
Favor de pedirnos catálogo completo, inclusive descuento por cantidades

	Precio	Total
__ **Teens Parenting Curriculum completo**	$1208.00	_____

Uno de cada uno – seis *Comprehensive Curriculum Notebooks*
más 9 libros, 7 cuadernos de ejercicios, 8 videos, 5 juegos
Compre un texto y un cuaderno de trabajo para cada estudiante.

Comuníquese con nosotros para generosos descuentos por cantidade
Recursos para maestros de padres/madres adolescentes/consejeros:

__ *Books, Babies and School-Age Parents*	14.95	_____
__ *ROAD to Fatherhood*	14.95	_____

Resources for Teen Parents:

__ *¡Mami, tengo hambre!*	12.95	_____
__ *Mommy, I'm Hungry!*	12.95	_____
__ *Mommy, I'm Hungry Curriculum Notebook*	125.00	_____
__ *Tu embarazo y el nacimiento del bebé*		
__ *Your Pregnancy and Newborn Journey*	12.95	_____
__ **Edición lectura fácil (nivel grado 2)**	12.95	_____
__ *PNJ Curriculum Notebook*	125.00	_____
__ **PNJ Board Game**	34.95	_____
__ **Pregnancy Two-in-One Bingo**	24.95	_____
__ *Crianza del recién nacido*	7.95	_____
__ *Nurturing Your Newborn*	7.95	_____
__ **Edición lectura fácil (nivel grado 2)**	12.95	_____
__ *El primer año del bebé*	12.95	_____
__ *Your Baby's First Year*	12.95	_____
__ **Edición lectura fácil (nivel grado 2)**	12.95	_____
__ *BFY/NN Curriculum Notebook*	125.00	_____
__ **Serie de cuatro videos./DVDs– Baby's First Year Series**	195.00	_____
__ **Baby's First Year Board Game**	34.95	_____
__ **La disciplina hasta los tres años**	12.95	_____
__ *Discipline from Birth to Three*	12.95	_____
__ *Discipline Curriculum Notebook*	125.00	_____
__ **Serie de cuatro videos/DVDs – Discipline Series**	195.00	_____
__ **Discipline from Birth to Three Board Game**	34.95	_____
__ *El reto de los parvalos*	12.95	_____
__ *The Challenge of Toddlers*	12.95	_____
__ *CT Curriculum Notebook*	125.00	_____
__ **Challenge of Toddlers Board Game**	34.95	_____

SUBTOTAL (Llevar a parte superior página siguiente)   _____

SUBTOTAL DE PÁGINA ANTERIOR _____

___ *Teen Dads: Rights, Responsibilities and Joys*   12.95 _____
___ *Teen Dads Curriculum Notebook*   125.00 _____

Más recursos para madres/padres adolescentes

Los siguientes libros NO se incluyen en serie completa
de *Teens Parenting Curriculum:*

___ *Moving On*   4.95 _____
___ *Will the Dollars Stretch?*   7.95 _____
___ *Do I Have a Daddy?* Empastado   14.95 _____
___ *Pregnant? Adoption Is an Option*   12.95 _____
___ *Surviving Teen Pregnancy*   12.95 _____
___ *Safer Sex: The New Morality*   14.95 _____
___ *Teen Moms: The Pain and the Promise*   14.95 _____
___ *Teenage Couples: Caring, Commitment and Change*   9.95 _____
— *Teenage Couples: Coping with Reality*   9.95 _____

Novelas por Marilyn Reynolds:

___ *Love Rules*   9.95 _____
___ *If You Loved Me*   8.95 _____
___ *Baby Help*   8.95 _____
___ *But What About Me?*   8.95 _____
___ *Too Soon for Jeff*   8.95 _____
___ *Detour for Emmy*   8.95 _____
___ *Telling*   8.95 _____
___ *Beyond Dreams*   8.95 _____

TOTAL _____

Adjuntar envío: **10% del total—mínimo $3.50; 20% en Canadá**
Residentes de California, adjuntar 7.75% por impuesto de venta _____

TOTAL _____

Preguntar sobre descuentos por cantidad para guías de maestro y estudiante.
Se requiere prepago. Se aceptan pedidos de compra de escuelas/bibliotecas.

A falta de satisfacción, devolver en lapso de 15 días para reembolso.

☐ Check or money order enclosed   ☐ Mastercard   ☐ Visa

| | | | — | | | | — | | | | — | | | |

CREDIT CARD NUMBER (numbers only, please, no spaces or dashes)

| | | — | | |

EXPIRATION DATE   SIGNATURE (required on all credit card orders)

Billing address for credit card: _____
NOMBRE _____

TELÉFONO _____ # de orden de pedidos _____

DIRECCIÓN _____